**직장인입니다
강남으로
이사 갔고요
질문 받습니다**

※ 이 책은 저자가 블로그에 연재한 「상급지 갈아타기 후기」를 바탕으로 새롭게 구성·집필했습니다.

※ 생생한 현장감을 살리기 위해, 표준어 맞춤법에 어긋나는 입말을 일부 사용했습니다.

※ 본문에 등장하는 일부 부동산 묘사는 독자의 이해를 돕기 위한 예시적 비유이며, 특정 인물의 실제 성격 또는 의견과는 무관합니다.

직장인입니다 강남으로 이사 갔고요 질문 받습니다

대치대디 지음

계약서에는 없는
진짜 부동산 이야기

page2

추천의 글

처음 대치대디 블로그에서 '상급지 갈아타기 후기'가 연재될 때, 다음 글이 올라올 때까지 몇 번이고 들락거리며 읽었던 글을 반복해서 읽었다. 새로운 글이 포스팅될 때마다 그를 응원하는 댓글을 달았다. 사촌이 땅을 사면 배가 아프다던데 사촌도 팔촌도 아닌 사람이 강남에 가보겠다고 애쓰는 일에는 어찌나 내 일처럼 감정을 이입했는지 모르겠다. 눈물 없이 볼 수 없는 그의 갈아타기 이야기를 전부 읽었다. 드디어 나도 용기 내서 갈아탔다.

ㄴ. 책 산책시키는 사람

'우리 가족이 어디에 살 것인가'라는 질문은 누구나 품고 있지만, 쉽게 터놓기 어려운만큼 외롭고 무거운 고민입니다. 이 책은 그런 집에 대한 고민을 한 가족의 이야기 속에서 따뜻하게 풀어냅니다. 가족의 이사 과정을 웃으며 따라가다 보면, 어느새 위로와 공감, 그리고 작은 용기를 얻게 되지요. 새로운 집을 향해 나아갈 용기가 필요한 당신께, 이 책을 친근한 마음으로 추천합니다.

ㄴ. 얍요미

'부동산에 들어갈 때 없어 보이면 무시한대', '계좌 잔액부터 보여줘야 집 소개해 준대' 같은 부동산 괴담을 믿은 사람이 있다. 십여 년 전에 아웃렛에서 샀던 프라다 티셔츠를 입고 떨리는 마음으로 처음 부동산 문을 밀고 들어간 사람. 그가 바로 대치대디다. 이렇듯 평범한 직장인인 그가 어떻게 고덕에서 강남까지 한 번에 갈 수 있었을까. 내 아파트는 어떻게 팔아야 할까? 어떤 아파트를 사야 할까? 책에서 모두 밝힌다.

ㄴ. 뚱이빵이

갈아타고 싶었다. 누구나 그렇듯, 나도 더 좋은 집으로 갈아타고 싶었다. 하지만 늘 막연한 생각에 그쳤다. 그러던 내가 주말마다 부동산을 돌고 있다. 생각만 하던 나를 행동하게 만든 사람, 대치대디. 그의 갈아타기 여정에 당신을 초대한다.
ㄴ 와인잔에맥주

정들었던 집을 팔기 어려웠던 MBTI 대문자 F, 부동산 문 열기조차 힘겨웠던 부린이. 아이를 위해 갈아타기에 대한 마음만은 진심이었던 저에게 찾아온 기막힌 우연. 대치대디님의 갈아타기 연재글은 매도와 매수 사이 지난한 시간속에 찾아온 위로와 용기였습니다.
ㄴ 도레미

직장인이 강남에 입성하는 스토리가 이렇게 다사다난하고 스펙타클하다니! 정말 재미있게 잘 봤고 갈아타기를 준비하는 입장에서 여러 생각을 해볼 수 있었습니다.
ㄴ 뿌*

요즘 사고 싶은 집이 있는데 호구상을 타고나서 임장도 한 번밖에 못 가고 인터넷만 망령처럼 떠돌고 있다가 대대님 글을 읽게 되었어요. 부동산 신생아에게는 너무 도움이 되는데, 심지어 한국 드라마처럼 다음이 궁금해서 미치게 하는 쩌는 필력을 가지고 계십니다. 늘 건강하시고 가내 두루 평안하십시오.
ㄴ d*

부동산 유튜브 왜 보냐.
대치대디 보면 되는데.
ㄴ ha**ol

나무 심을 때부터 광기를 알아봤습니다. 축하드립니다.
ㄴ 16**ka

와. 시작을 말았어야 해. 끊을 수가 없어.
ㄴ 시*

대대님은 저에게 친근하고 웃긴 회사 선배인 줄 알았는데 알고보니 개쩌는 선배같은 분, 또 제일 웃긴 부동산 선생님입니다.
ㄴ 바*

아이 재우고 잠시 보기 시작했는데 너무 재밌어서 새벽까지 보다가 잤어요! 다음 글도 기다릴게요. 팬이에요!
ㄴ 이*잉

대치대디님 글 덕분에 부동산 갈아타기 경험을 실제로 해본 것 같아요. 제가 갈아탄 것도 아닌데 왜 시원섭섭한 건지. ㅠㅠ
ㄴ 수*원

새벽에 눈 뜨자마자 대대님 뉴 게시물 실화인가요. 행복!
ㄴ 감*행

글 너무 재미져. 제 활력소! 대대님 글 보면서 몇 번이나 혼자 큭큭거리고 웃는지... ㅋㅋ 직장에서 보는데 웃참하느라 죽을 것 같구만요.
ㄴ 으*이

만화보다 더 쫄깃하고 너무 재미있어서 다음 편 빛의 속도로 찾아 읽게 되는 마성의 글이었습니다. 건당 300원이었어도 결제했을 겁니다. 글에 이미 중독됐거든요.
ㄴ l**e

감동이에요. 저도 희망 버리지 않고 꿈을 꾸게 되네요.
ㄴ 애**고

프롤로그

직장인입니다. 강남으로 이사 갔고요. 질문 받습니다.

하지만 실제로 질문을 받을 수는 없습니다. 우리는 직접 만나지 않았으니까요. 책에는 댓글창도, 실시간 채팅창도 없습니다. 그러니 이렇게 생각해 주세요. 친한 형이나 아는 동생이 술자리에서 "내가 얼마 전에 강남으로 이사했거든…." 하고 말을 꺼낸 상황이라고요. 혹시 그 순간 "아, 그래?"라며 넘어가면서도 속으로 궁금한 것들이 떠올랐다면, 이 책을 잘 집으신 겁니다. 대충 흘려들었을 그 후기를 이번엔 처음부터 끝까지 다 들어보는 자리니까요.

그런데 그 얘기가 온갖 자기 자랑뿐이라면 어떨까요? "야, 내가 어떻게 했냐면, 집을 비싸게 팔아서 급매로 나온 걸 딱 잡았거든. 벌써 몇 억이 올랐지. 갈아타기는 나처럼 이렇게 해야 돼." 아마도 지루하고 집에 가고 싶을 거예요.

이런 말이 있습니다. "성공한 사람의 인생은 성공한 후에 포장되어, 평범한 사람을 망친다." 화려한 장면만 남겨두고, 그 전의 실패와 허둥댐은 지워버리니까요. 그래서 남들은 '저렇게만 하면 나도 목표를 이룰 수 있다'고 착각합니다. 아침마다 이불을 갠다든지, 찬물로 샤워를 한다든지 하는 것들이요. 되던가요? 아뇨. 도저히 습관이 안 되던데요. (되는 분들 존경합니다)

"부동산 갈아타기는 하락기에 집을 팔아서 상급지 물건을 사면 됩니다. 저도 그렇게 해서 이만큼의 자산을 이루게 됐습니다! 자, 여러분도 하시면 됩니다. 참 쉽죠?" 아뇨. 저는 일단 집부터 안 팔리던데요…? 꼭 사고 싶은 집은 돈 많은 사람들이 먼저 사가던데요…? (그렇게 하신 분들 역시 존경합니다)

그 과정에서 생각했습니다. 책이나 강의에서 보여주는 성공담은, 혹시 꽤 많은 부분이 생략되고 의도치 않게 왜곡된 게 아닐까 하고요. 저는 이제 그런 이야기들에 지쳤습니다.

이 책은 한 편의 성공담이 아닙니다. 오히려 오답노트에 가깝습니다. 여기엔 승리와 성취보다, 넘어지고 버티고 견딘 순간이 훨씬 많습니다. 집을 팔겠다고 나무만 심고, 부동산 사장님들에게 무시당하고, 집주인 눈치를 보며 끌려다니는 등 별로 멋있지 않은 순간들의 연속이었죠. 그럼에도 불구하고 결국 이사를 하게 된 건, 운이 좋았던 거라고밖에는 말할 수 없습니다.

맞아요. 운이 좋았습니다. 이 책은 '나도 했으니 당신도 할 수 있다'는 이야기가 아닙니다. 대단한 전략이나 비밀 공식도 없습니다. 다만 제가 쓴 오답을 보면서, 여러분이 같은 문제에서 조금 덜 틀린다면 더 바랄 게 없겠습니다.

그런 이유로, 허점 가득한 어느 직장인의 집 바꾸기 여정을 누구보다 솔직하게 썼습니다. 이렇게까지 솔직하다고? 하실 수도 있어요. 저도 지금 이게 맞나 싶습니다. 읽다 보면 피식 웃을 수도, 고개를 끄덕일 수도, 혹은 "아, 저 바보 같은 놈!" 하며 혀를 찰지도 모릅니다.

그래도 한 권쯤은, 이렇게 솔직하고 허술한 자기계발서가 있어도 되지 않을까요. 혹시 지금, 누군가의 화려한 성과만 들려주는 이야기들에 지쳐 있다면 한번 읽어보실래요? 오답노트가 꽤나 도움이 되고, 당신의 시행착오와 시간과 비용을 줄여줄 수 있겠지만, 거기에 재미도 있고 감동도 있겠지만, 절대 강요는 하지 않겠습니다. 그래도 혹시, 제 이야기가 궁금하시다면—

직장인입니다. 강남으로 이사 갔고요. 질문 받습니다.

· 차례 ·

추천의 글   004
프롤로그   008

[1부] 스타트 버튼
"갈아타기로 결심해라"
: 임장부터 매도 도전까지

제1장	남자가 언제 부동산에 간다고 생각하나?	021

대치대디의 부동산 오답노트 상급지 갈아타기 체크 요소

제2장	임장의 시작, 둔촌주공	027

대치대디의 부동산 오답노트 부동산 찾는 법

제3장	먼저 집부터 팔고 오세요	031

대치대디의 부동산 오답노트 갈아타기 언제 해야 할까?

제4장	자매추, 자연스러운 매도 추구	035
제5장	내 매물이 허위로 올라왔다?	043
제6장	아무도 몰랐던 강남의 빈틈	047
제7장	도곡 도곡 도곡 도곡동 주민이 걷는 소리	051

제8장	부동산 모태솔로의 현실 자각 타임	056
	대치대디의 부동산 오답노트 내 물건 냉정하게 보기	
제9장	첫 손님맞이 준비	062
	대치대디의 부동산 오답노트 매도의 기술	
제10장	집을 빨리 팔려면 '이것' 하세요	068
제11장	두 부동산이 원수였다고?	079
제12장	부동산을 경쟁시키자	086
제13장	벼락치기 임장: 개포 vs. 잠실, 파크리오 vs. 헬리오	089
	대치대디의 부동산 오답노트 대단지의 특징	
제14장	강남은 보법이 다르다	098
	대치대디의 부동산 오답노트 가격 협상하는 법	
제15장	사교육 세대의 재테크	105
	대치대디의 부동산 오답노트 최근 부동산 시장 트렌드	
제16장	한 번의 갈아타기에는 온 가족이 필요하다	112
제17장	0330_새집 추가_정원뷰_진짜 최종	116
제18장	나 이 집에서 살래	122
제19장	딸이 아무리 아파도	129
제20장	아버지의 반대	134
제21장	부상 투혼	139
제22장	다람이 엄마, 워킹맘 이수연	143
제23장	재건축으로 퀀텀 점프!	148
	대치대디의 부동산 오답노트 재건축 vs. 리모델링	
제24장	강남 재건축 호랑이 조합장을 만나다	157

제25장	몸테크는 아무나 하나	163
제26장	반포 급매 선매수 해버릴까	168
	대치대디의 부동산 오답노트 선매수와 선매도의 차이점	
제27장	20년 전의 아내, 나와 딸의 미래	177
	대치대디의 부동산 오답노트 학군지의 미래	

[2부] 미션 클리어
"불안해도 가라"
: 매도부터 매수 성공까지

제28장	금리와 매수세, 드디어 매수 콜	185
	대치대디의 부동산 오답노트 금리와 부동산의 관계	
제29장	단지 내 최저가 매물이 되다	193
	대치대디의 부동산 오답노트 매수 매도의 애티튜드	
제30장	그냥 다 포기하고 싶다	203
제31장	좋은 부동산, 나쁜 부동산은 없다	207
	대치대디의 부동산 오답노트 매수자의 유형	
제32장	K-장녀 이야기	213
제33장	성공하면 한강뷰 실패하면 한강물	223
	대치대디의 부동산 오답노트 매수 결정의 기준	
제34장	턱	233

제35장	매수 콜을 거절하다	237
제36장	모르는 번호로 전화가 왔다	246
	대치대디의 부동산 오답노트 중개수수료 협상의 골든타임	
제37장	모든 집에는 주인이 따로 있다	255
	대치대디의 부동산 오답노트 계약 후 하자를 발견했다면	
제38장	협상의 기술	264
제39장	갈아타기 미션, 클리어	272
	대치대디의 부동산 오답노트 집 산 사람들의 공통적인 후회	

[3부] 최종 보스전
"네 선택에 책임을 져라"
: 계약부터 입주 완료까지

제40장	끝날 때까지 끝난 게 아니다	285
	대치대디의 부동산 오답노트 부동산 대출과 정부 규제	
제41장	쌓은 업보는 누수로 돌아오고	292
제42장	계약 파기	296
	대치대디의 부동산 오답노트 계약금, 중도금, 잔금	
제43장	잔금까지 긴장 놓지 마	301
	대치대디의 부동산 오답노트 한눈에 보는 부동산 계약 절차	
제44장	갈아타기는 또 다른 갈아타기를 낳고	305

제45장	나라면 이 계약 안 해	308
제46장	모르는 계약, 모르는 게 약	315
제47장	내가 몰랐던 집주인의 사정	323
제48장	협상의 신	329
제49장	동상이몽	335
제50장	인생 최대의 실수	339
제51장	자존심 값	348
제52장	강남 집주인을 만나다	352
제53장	갈아타기 진짜 최종	356
제54장	다람이의 꿈속 이야기	363

| 에필로그 | 370 |
| 저자의 말 | 375 |

"나 이번에 강남으로
이사 가잖아."
"여보, 나무 심어야겠는데."
"3억이 올랐다구요?"
"너, 이사 갈 생각 하지도 마!"

1부.

스타트 버튼

"갈아타기로 결심해라"

:임장부터 매도 도전까지

제1장

남자가 언제 부동산에 간다고 생각하나?

"그 사람 애가 내년에 초등학교 간다고 하지 않았어?"

"나 이번에 강남으로 이사 가잖아."

노트북 너머로 들리는 목소리. 회의 자료를 정리하던 손이 잠깐 멈췄다. 반대편에서 속삭이는 낮은 데시벨의 말이 귀에 꽂혔다. 거들먹거리는 그 목소리의 주인공을 굳이 볼 필요도 없었다. 박 팀장이었다.

서른일곱에 팀장을 단 그 녀석. 나와 동갑이지만 회사에서의 위치는 달랐다. 술 못 마신다고 늘 구박받는 나와 달리, 그는 처세에 능했다. 상사에게만 친절한 그는 나와 마주칠 때면 은근히 이런 표정을 지었다.

'나는 팀장, 너는 과장.'

그 재수 없는 박 팀장이 강남으로 이사를 갔다니? 그놈을 볼 때마다 난 그래도 고덕에 살잖아, 라고 정신승리를 해왔는데 강남이라고?

"그새 1억이 올랐더라구. 축하는 무슨! 에이, 현관 빼고 다 은행 거지, 뭐."

이제 박 팀장을 이길 수 있는 건 머리숱뿐. 그나마도 점점 가늘어지는 머리카락을 쓸어넘겼다. 굵혀버린 나의 자존심 몇 가닥이 후두둑 떨어졌다. 떨어진 머리카락, 그 옆에 놓인 휴대폰에서 알람이 울렸다.

[Web 발신]
대출 상환 출금
2,015,491원
잔액 184,730원

은행은 단 한 번도 까먹는 법 없이 정확히 월급날에 원리금을 가져갔다. 늘 빠지던 원리금, 늘 빠지던 머리카락. 오늘은 이상하게 더 속이 쓰렸다.

나의 완패였다. 회사에서의 위치도, 그리고 사는 집의 위치까지도.

그날 퇴근길.

늘 들여다보던 부동산 카페에서도 유독 갈아타기 성공 후기만 눈에 들어왔다.

title: 1개월 만에 갈아타기 성공(feat. 반포)
title: 30대 초반에 강남 입성한 후기

굳이 강남으로 이사 갈 필요 있나…. 강동도 좋은데….
아내에게 톡을 보냈다.

— 여보, 박 팀장 그 새끼 알지. 강남으로 이사했대.
"아, 그 사람 애가 내년에 초등학교 간다고 하지 않았어?"
— 아?
"하… 여보, 내가 전에 얘기했잖아. 다람이 초등 입학 전에 우리도 이사 가야 한다고."

그제야 기억이 났다. 아내가 했던 말들이.
갈아타야 한다고…. 학군지로 가야 한다고….
아, 박 팀장 애가 초등학교 가서 이사를 간 건가? 우리 다람이도 6살이라 내후년엔 초등학교에 가는데? 딸을 중간에 전학시키지 않으려면 지금 이사를 가야 했다. 그렇다면 나도 부동산에 한번 가봐야겠다! 빠르게 이어지는 의식의 흐름.

남자가 언제 부동산에 간다고 생각하나?

아내가 잔소리할 때?
장원영이 부동산을 개업했을 때?

아냐!
박 팀장이 강남에 갔다는 걸 알았을 때다.

3년 넘게 집 근처의 부동산을 그냥 지나치기만 했던 나를 움직이게 만든 건, 누군가의 이사 소식이었다.

그때만 해도 나는 몰랐다.
이 갈아타기가 1년 가까이 걸릴지도, 내가 나무를 3번이나 심게 될지도, 여러 위기를 겪으며 눈물을 훔치게 될지도,
결국 강남에 살게 될지도 말이다.

🏠 대치대디의 부동산 오답노트

✓ 상급지 갈아타기 체크 요소

'부동산 갈아타기'란 기존에 보유한 집을 매도하고, 입지가 더 좋거나 자산 가치가 더 높은 새로운 집을 매수하는 과정을 뜻한다.
갈아타기 전에 스스로 자신의 상황을 체크해 보자. 일단 자산 증식을 위해서는 확실한 상급지로 가야 한다. 그 외에 체크해 볼 요소들로는 생애 주기, 욕망, 니즈, 한계, 무기 등이 있다. 나의 경우에는 고민 끝에 상황을 아래와 같이 정리하고 나만의 전략을 세웠다.

- **생애 주기**: 딸 교육 과정과 내 소득을 예상해 본다.
- **욕망**: 강남에 등기 치고 싶다.
- **니즈**: 딸에게 전학 없는 좋은 교육 환경을 주겠다.
- **한계**: 소득이 적으므로 감당 가능한 정도의 대출만 받자.
- **무기**: 3인 가족이라 20평대 거주 가능하다.

→ 아이 초등학교 입학 전, 30평대 고덕 신축을 팔아서 20평대 강남 구축으로 가자.

제2장

입장의 시작,
둔촌주공

"지금 딱 가격 좋은 매물 나왔어요."

둔촌주공 계약 포기 속출…. 죽음의 미분양

title 둔주 빠이

말 많고 탈 많은 올림픽파크포레온에 당첨되었어.
결국 버리기로 했는데 시원섭섭하다.
지금 경제 상황에서는 하락이 아무래도 가능성이 높은 것 같아.
오늘의 내 결정이 맞았길 바란다.

└ re: 멋있는 결정. 그 돈이면 솔직히 개포 잠실 감.
└ re: 역시 대감집 직원은 다르다. 감 좋네.
└ re: 7프로대 고금리 이자에서 벗어났네. 축하!

2023년, 모두가 하락을 예상하고 있었다. 둔촌주공이 재건축되어 지어지는 아파트, 올파포(올림픽파크포레온)의 입주는 2025년 예정이었다. 딸은 그때 초등학생이 된다. 공교롭게도 나는 올파포와 같은 강동구에 거주 중이었다. 주어진 시간이 얼마 없었다. 올파포가 입주를 시작하면, 주변의 전세가는 떨어질 것이 분명했다. 설마 집값이 더 떨어지는 건가.

하지만 이 상황이 처음은 아니었다. 내가 강동의 어느 아파트 청약을 넣던 몇 년 전도 그랬다. 그때도 주변에서 만류가 쏟아졌다. 분양가가 너무 비싸. 강동은 너무 외졌어. 하지만 계약 후에 시간이 지나며 그런 사람들은 모두 사라졌다. 결국 남는 건 내 선택과 책임이었다.
누군가는 진짜 하락의 시작이라고 했고, 다른 누군가는 그 시기를 기회라고 믿었다. 부동산 게시판에는 올파포 입주권을 사서 갈아탔다는 주민들의 후기가 올라왔다. 그 흐름에 올라탈 수 있을까. 올파포 매물부터 확인해 보기로 했다.

그런데 부동산은 어떻게 찾아야 하지? 일단 무작정 네이버 지도를 켜서 아파트명을 검색했다. 그리고 다시 '부동산'을 검색. 사실 이 방법은 잘못된 방법이다. 훨씬 쉽고 빠른 방법이 있다. 바로 '네이버 부동산'에서 검색하는 것. 그럼 매물과 부동산까지 한번에 나온다. 부린이 때는 잘 모른다.

그런데 검색을 하다 보니 올파포 옆에 붙어 있는 대단지 아파트가 눈에 들어왔다. 올선(올림픽선수촌) 아파트. 올림픽 공원에서 웨딩 사진도 찍었는데…. 이건 신의 계시 아닐까? 좋아. 나의 목적지는 올파포와 올선, 올림픽 형제들로 정했다!

목적지는 정했다. 그럼 이제 뭘 하면 될까. 전화. 부동산에 전화를 걸어야 했다. 여기서부터가 난관이었다. 부동산에 전화를 한 건 신혼집 전세를 구할 때뿐이었다. 긴장됐지만 그렇다고 전화를 하지 않으면 아무것도 시작할 수 없었다. 어느 부동산에 전화할지 고민하다가, 마음 내키는 대로 전화를 걸었다.

심호흡 한 번.
통화 버튼 꾸욱.
받지 마라… 받지 마….

"여보세요?"
— 엇, 사장님…. 저… 그… 둔촌주공하고… 올림픽선수촌 관심 있어서 그러는데… 요….
"오세요."
— 네?
"지금 딱 가격 좋은 매물 나왔어요. 둔주 입주권도 있고, 올선 물건도 다 있이요."

가격 좋은 매물이면… 급매?

와… 이게 되네?

부동산 천재가 힘을 숨김, 뭐 이런 건가?

좋은 매물이 있다는 사장님의 친절한 목소리에 바로 토요일로 약속을 잡았다. 나의 첫 매물 임장이었다. 아니, 수개월에 걸친 상급지 갈아타기의 시작이었다. 정말로, 이제 시작일 뿐이었다.

대치대디의 부동산 오답노트

✓ 부동산 찾는 법

1. 네이버 부동산 사이트에 접속한다(앱 기준으로는 '네이버페이'를 켜고 '부동산' 탭을 클릭한다).
2. 원하는 아파트 이름을 검색하거나 지도에서 클릭한다.
3. 올라온 매물을 확인하고 하단에 있는 담당 부동산을 체크한다. 매물을 많이 가진 사장님이 영업력이 있는 분이다. 매수자라면 그런 분에게 가자.
4. 하지만 매도자 입장에서는 매물을 많이 가진 사장님이 꼭 좋은 건 아니다. 갖고 있는 매물이 많은 만큼 내 물건에 신경을 덜 써줄 수 있기 때문.
5. 미리 예측하지 말고, 일단 가서 대화를 해보자. 많이 다니다 보면 나에게 맞는 사장님을 만난다.

제3장

먼저 집부터 팔고 오세요

"근데… 집은 파셨어?"

"아니, 뭐 둔촌주공이 부동산 폭락시켰냐고, 쯧."

부동산에 들어서자마자 들은 말이었다. 사장님은 컴퓨터 화면을 보며 고개를 절레절레 흔들고 있었다. 말끝마다 쌓인 피로가 묻어났다. 아마 온종일 이런 기사를 보고 온 손님들을 상대했을 것이다.

"분양가 높다고? 미분양 난다고? 아주 그냥 악담을 해요, 쯧. 아무튼 잘 오셨어요. 강동에서 오는 사람 진짜 많아요. 그 사람들 올파포 입주권 다 사줬지. 여기가 갈아타기 맛집이야. 자, 그때 말한 매물 설명해 줄게요."

사장님은 손에 쥔 볼펜으로 종이를 탁탁 두드렸다.

"나중에 34평 받는 물건이고, 이주비는 대략 이렇고, 무이자 이사 비용은 이 정도 생각하면 되고, 추가분담금은 얼마 안 나올 거예요. 동호수도 잘 받을 거야. 이거 사면 좋아요."

이주비? 무이자 이사 비용? 추가 분담금이요? 동호수를 잘 받는다고요? 도저히 알아들을 수 없는 말들이 쏟아졌다.

30년 넘게 부동산을 하셨다는 사장님은 눈치가 빨랐다. 멍한 표정을 읽었는지 자연스럽게 브리핑 방향을 틀었다.

"이런 입주권은 잘 모르죠? 그럼 올선부터 보고 가요."

그렇게 본 매물은 세 개. 전부 단지 내에서 갈아타기를 시도하는 매물이었다. 그만큼 올선은 실거주 만족도가 높은 것 같았다. '역시 올선 좋구나' 생각하며 매물을 둘러봤지만 집중이 되지 않았다. 예산이 모자랐기 때문이었다. 그때 갑자기 훅 들어오는 질문.

"근데… 집은 파셨어?"

이렇게 직접적으로 물어볼 거라고는 예상하지 못했다. 어떻게 답을 해야 하지. 머뭇거리다가 결국 입을 열어 이실직고를 시작했다. 그… 그러니까 제가 아직 집을 판 건 아니고… 사실은 내놓지도 않았어요….

"그럴 줄 알았어. 집을 팔아야 갈아타든 말든 하지. 그게 순서예요."

맞는 말이었다. 둔촌주공 입주권이든, 올림픽선수촌이든, 당장 그걸 살 돈이 없었다. 모아둔 돈은 적금 3천, 다람이 주겠다고 사둔 8만 원대의 삼성전자 주식들, -86%의 수익률로 이제는 이름도 기억나지 않는 잡코인에 들어간 몇백만 원이 다였다. 더 좋은 집을 살 방법은, 집을 파는 것뿐이었다.

모든 걸 들켜버리고 말문이 막힌 채로 서 있자 사장님은 서랍에서 명함 한 장을 꺼냈다.
"강동 쪽에 사장님 하나 소개해 줄게요. 말은 좀 센데, 일 처리 하나는 확실해."

사장님에게 받은 명함 하나, 그 명함이 어떤 결과를 가져올지 알았다면 지갑에 넣지 않았을 거다. 나중에라도 그 명함을 버렸어야 했다. 그 명함에 적힌 주소에 찾아가지 말았어야 했다. 그랬어야… 했다.

대치대디의 부동산 오답노트

✓ 갈아타기 언제 해야 할까?

시장 상황이 어떻든, 원래 갈아타기는 어렵다. 덜 좋은 내 물건을 팔고 더 좋은 상급지 물건을 잡는 것이기 때문에.
그래도 갈아타기에 더 나은 시기를 꼽자면, 하락장이나 보합장이라고 할 수 있다. 그 이유는 크게 세 가지다.

1. 좋은 물건을 살 가능성이 높다.
   └ RR*은 더 잘 팔리고, 다음 갈아타기가 수월해진다.
      반대로 못난이는 다음 갈아타기에 매도가 어렵다.
2. 상급지·하급지 격차가 줄어든다.
3. 부대 비용이 적게 든다(복비, 취득세 등).

	하락장	상승장	보합장
집 팔기	어려움	쉬움	보통
집 사기	쉬움 (RR 살 수 있음)	어려움 (못난이라도 사야 함)	보통

★ 로열동 & 로열층 물건, 즉 아파트 내에서 가장 좋은 물건을 뜻함

제4장

자매추,
자연스러운 매도 추구

"나? 돈 버는 년이다."

나는 모태솔로였다. 스스로 입지와 시세를 따져보고 매수해서 등기 한번 쳐본 적 없고, 집을 팔아본 적도 없는, 부동산 모태솔로. 그게 바로 나였다. 어쩌다 미분양 아파트 청약에 당첨된 게 전부였다.

집을 팔려면, 부동산에 가야 한다. 다람이가 여섯 살이 될 때까지 한 번도 들어가 본 적 없던 부동산. 늘 유리문 너머 시세표만 힐끗 보는 정도였지, 안으로 들어가 볼 생각조차 하지 않았다. 들어갈 이유가 없었던 걸까, 아니면 들어갈 용기가 나지 않았던 걸까.

자연스러운 만남을 추구했던 모태솔로. 자만추가 좋아. 소개팅 50회? 싫어, 싫어~ 내 물건 밑에 부동산 50개? 오우, 노우.

난 자연스럽게 이성, 아니 매수자를 만나고 싶어. 부동산 50군데라니 그게 뭔…. 집 팔고 싶어서 안달난 사람처럼 말이야. 난 그냥 믿음직한 부동산에만 내놓으려고. 자연스러운 매도를 추구한다, 이 말이야. 자만추 말고 자매추! 어쨌든 비싸게 팔고 싸게 사면 되는 거잖아?

믿을 만한 부동산을 반드시 찾고 싶었다. 그렇게 딱 3군데만 내놓자. 그들이 나를 구원할 것이다. 부동산 모태솔로가 정한 매도의 규칙이었다. 퇴근 무렵 아내에게 '부동산 좀 들렀다 갈게'라고 메시지를 보냈다. 큰 결심이었다. 매물을 보러 가는 것과 집을 내놓으러 가는 건 분명 달랐다. 집을 판다고 생각하니 선뜻 들어가지 못하고 괜히 부동산 앞을 서성거리게 되었다.

음…. 어디 들어가지? 남자 사장님 있는 곳은 왠지 불친절할 것 같고. 인상 좋은 사장님 어디 없나…. 아, 여긴 문 닫았네. 잘됐다. 아내한테 '문 닫아서 못 갔다'고 할까? 아냐, 그래도 어디라도 들어가야지…. 저기는 어떨까. 앗, 사장님 화장이 너무 무섭다…. 다른 데로 가자….

오, 저 분은 인상이 그래도 나쁘지 않다…. 들어가 보자!
— 안녕하세요오….

우리 집을 비싸게 팔아줄 사장님을 찾아야 했다. 마치 면접관이 된 것처럼 10곳이 넘는 곳을 방문했다. 합격 조건은 단 하나. "비싸게 팔 수 있어요." 그 한마디를 해주는 부동산이었다.

— 사장님, 저희 고덕이가~ 101동인데~ 얼마에 내놓으면 될까요~?

"지금 부동산 위기예요. PF 문제 심각한 거 아시죠? 얼마에 팔면 되냐구요? 그건 말해드릴 수 없어요."
탈락!

"강동 저평가 같다구요? 하하, 강동구 여기 솔직히 외곽이잖아요. 앞으로 2억은 더 떨어져요."
탈락 탈락 탈락!
당신한테는 절대로 내 물건 안 줄 거야!
외곽? 웃기시네! 강남 4구라구! 어차피 지금 살기도 좋은데 그냥 안 팔고 말지!

이러면서도 마음 한 켠에는 정말 폭락이 오는 걸까, 그럼 지금 싸게라도 팔아야 하는 건가 찝찝했다. 어째 다들 마음에 안 든다. 잘 맞는 사람, 믿고 맡길 수 있는 분, 비싸게 잘 팔아줄 부동산 없을까.

그때 올선 사장님이 소개한 부동산이 떠올랐다. 가방 안에 구겨져 있던 명함을 찾아 꺼냈다. 금빛으로 빛나는 명함, 크고 선명하게 박힌 글씨.

- 상여자 부동산 -

빠른 매매 전문. 투자 상담 환영.

명함에 적힌 주소로 찾아갔다. 아파트 상가 가운데 위치한 가장 큰 사무실. 쭈뼛거리며 들어가자 사무실에 가득한 상패와 상장들이 나를 반겼다.

"커피 드릴까요? 이태리산 비싼 거예요. 마셔요. 요즘은 분위기 안 좋아요. 손님이 팍 줄었어. 명절 지나야 좀 나아져요. 원래 그래요, 연초에 누가 부동산을 가겠어요."

2023년 1월. 부동산 시장 분위기는 바닥을 쳤다. 설 명절까지 겹쳐서 발길이 뜸하다는 사장님의 말. 그리고 정해진 프로세스처럼 이어지는 브리핑. 현재 시장 상황, 고덕 내 단지별 선호도, 매수자의 심리 변화까지 술술 풀어냈다.

"요즘 애들? 다 겁 많아요. 금리 좀 올랐다고 안 사요. 금리 떨어지면 살 건가? 그때는 신고가에 살 거면서. 참 웃기죠."

거침이 없었다. 돌려 말하는 법이 없었다. 계산기를 두드리며 말을 이었다.

"이건 RR 물건. 풀 인테리어. 최근 거래보다 3천 싸게 나왔어요. 이게 1번 타자고 그다음은 이거. 1번보다 천만 원 비싸니까 이건 나중에 나갈 거고."

명확하고 깔끔한 브리핑이었다. 역시 추천받은 사장님은 달랐다. 이제 가장 궁금한 질문을 꺼낼 차례였다.

― 저희 집이… 101동 여기인데요….

선생님, 우리 고덕이가 어떤가요…? 몇 년 동안 잘 키워온 나의 고덕이…. 신고가 찍은 로얄동에서 그렇게 멀지도 않아요. 아주 영특한 아이죠. 세상에, 고덕이가 말이에요. 얼마 전에는 거실 앞에 나비를 불러왔지 뭐예요. 저층이지만 나비를 부르다니 정말 이거 서울 도심에서 흔치 않은 영재 모먼트 아닌가요…?

마음속에 정해둔 금액을 입 밖으로 꺼내지 못하고, 사장님에게 결정을 미뤘다.

― 사장님이 전문가시잖아요. 얼마면 팔릴까요?

말끝마다 물음표를 붙이며 눈치를 살폈다. 그저 사장님이 먼저 "이 정도 집이면 충분히 비싸게 받을 수 있어요"라고 말해주길 바랐다.

"아… 저층이시구나…"

사장님은 의자를 뒤로 기대며 말했다. 영재라고 말해주길 바랐던 내 기대와는 정반대였다. 정확한 호가를 정해 주시지 않는 사장님. 게다가 층수를 들은 순간부터 사장님의 태도가 묘하게 바뀐 것 같았다. 자격지심이었을까…?

"저도 저층 살아요."
오? 아군이셨구나?
"101동? 최고예요. 거의 로얄동이죠. 그 정도면 층은 낮아도 RR 가격에서 약간 빠지는 정도는 받아야죠."

합격! 합격!
RR 정도의 가격. 만족스러운 대답이었다. 사장님의 숨은 의미를 파악할 수도 없었고, 깊게 생각하고 싶지도 않았다. 저층의 아름다움을 아시는 분이라니~ 역시 내가 사람 보는 눈이 있다니깐? 관상은 뭐다? 과학이다. 내가 관상 좀 볼 줄 알지, 엣헴.

— 물건 드릴게요!

"내가 보험왕 출신에 여기 마당발이야. 다른 부동산에는 내놓지 마세요. 매물 여러 군데 공유할 테니까 걱정 말고."

드디어 처음으로 물건을 내놨다. 부동산 모태솔로의 갈아타기를 도우러 온 나의 구원자, 상여자 소장님.

[상여자 부동산 이야기]

GD손해보험 상여자 팀장, 2019년 역대 최대 실적 영업왕

실적표 맨 위에 이름은 언제나 나였다. 영업왕에게만 주어지는 금빛 명함이 내 존재를 증명했다.

그다음 해, 코로나가 터졌다. 대면 영업이 멈추자 실적은 나락으로 떨어졌다. 대신 SNS에 능한 후배 설계사들이 치고 올라왔다.

미련 없이 보험 영업왕 명함을 버리고 공인중개사 일을 시작했다. 방식은 달라도 영업의 본질은 같았다. 고덕 내에서 신고가 거래는 내 실적이었다. 부동산에서도 영업왕은 내 차지였다.

세상에는 세 종류의 사람이 있다. 사는 년, 파는 년, 돈 버는 년. 나? 돈 버는 년이다. 내가 제일 싫어하는 말이

뭐게? "집은 사는(buy) 게 아니라 사는(live) 것입니다." 웃기고 있네. 그러면서 많이 오를 거 같냐고는 왜들 그렇게 물어봐?

집주인 보면 딱 사이즈 나와. 강남 가겠네, 좀 걸리겠네, 그냥 여기 살겠네, 눈빛만 봐도 다 알지. 집에 대한 애착이 너무 많다? 설득 안 해. 뭐하러 집주인이랑 싸워. 듣고 싶은 말 해주고 물건 확보해야지. 어차피 나중에 알아서 호가 내릴 걸.

요즘 갈아탄다는 사람 엄청 오는데 말이야. 대부분 못 해. 갈아타기는 누가 먼저 포기하느냐 싸움이야. 내 팔 자르고 가야지, 멀쩡하게 이사 간다고? 못 가. 팔 자르고 피투성이로 다음 발 딛는 거야. 둘 다 붙잡고 가려다가 다 놓치지.

방금 다녀간 남자 말이야. 남편이 언제 부동산 제대로 하는 거 봤어? 저층인데 RR 가격에 팔고 싶다고? 그래 가지고 강남 가겠어? 못 간다에 1억 건다.

제5장

내 매물이
허위로 올라왔다?

**"지금 영업 방해하는 거야?
증거 있어?"**

집을 내놓은 지 일주일쯤 되었을 때였다. 네이버 부동산의 내 매물을 보다가 이상한 점을 발견했다.

물건을 주지 않은 부동산이 내 물건을 올린 거였다. 호가보다 6천이 깎여 있었고, 층수까지 정확히 적혀 있었다. 보통은 저층, 중층, 고층 정도로만 노출되는데, 이건 딱 우리 집을 가리키고 있었다.

알빠노 부동산이었다. 방문했더니 고덕을 깎아내리며 빨리 싸게 팔고 탈출하라고 했던 그 부동산.

바로 전화했다.

― 안녕하세요? 네이버에 제 집이 6천 깎인 금액으로 올라와 있는데요. 이거 내려 주시겠어요?

"아 그거요~ 사장님 집이 아니구요~ 동이랑 층만 같은, 다른 집이에요."

― 예? 저희 집으로 뜨는데요? 저 사장님한테 물건 안 드렸잖아요?

그 매물은 상여자 부동산과 묶여서 동일 매물로 노출되고 있었다. 즉, 시스템상으로는 내 집으로 인식되는 상황.

"아, 참 이상하시네. 다른 집이라니까?"

뚝.

와… 이거 뭐지…. 뭐냐, 진짜.

내가 화를 내야 하는 거 아닌가?

무슨 상황인지 파악해야 했다. 곧장 상여자 부동산에 전화를 걸었다.

― 사장님, 어흐흐흑. 글쎄 우리 고덕이를 어떤 이상한 부동산이 6천이나 후려쳐서 올렸어요. 저는 물건 주지도 않았는데 이게 대체 무슨 일이에요, 예? 혹시 진짜로 옆집이나 그 옆집 물건이 올라온 건가요? 이거 진짜 있는 매물 맞아요? 제 매물이죠?

"그래요? 웃기는 분이네? 거기 어디에요? 아~ 알빠노 부동산? 거기 유명해요. 아주 양아치야.

제가 지금 중개사 망으로 보는데 그런 매물 없어요(부동산 사장님들이 보는 매물 현황 시스템이 따로 있음). 허위매물로 신고한다고 하세요. 그래도 우기면 진짜 신고해 버리세요."

마음이 놓였다. 이 와중에 든든하게 내 편이 되어주는 사람이 있다는 게 참 고마웠다. 역시 사장님 멋지셔. 「범죄와의 전쟁」에서 하정우를 등에 업은 최민식처럼, 확신에 찬 목소리로 알빠노 부동산에 다시 전화를 했다.

— 사장님, 제가 다른 부동산에 전화해 봤는데요. 저희 동 그 층엔 제 물건밖에 없는 걸로 확인했어요. 내려주세요.

"뭐요? 다른 부동산에 전화해서 내 물건 다 노출했다고?"

— 사장님. 제 물건을 클릭하면 동일 매물로 떠서 나오잖아요. 그리고 사장님한테 제가 물건을 드린 적도 없는데 왜 그러세요. 자꾸 이러시면 저… 허위매물로 신고합니다?

딸깍.
눌려버린 발작 버튼.
허. 위. 매. 물.

"지금 영업 방해하는 거야? 101동에 집이 몇 갠데 그거 다 당신 집이요? 전화한 다른 부동산 사람들이 내 물건인지 아닌지 어떻게 다 알아? 증거 있어?"

언성을 높여 쏟아내는 말들. 몇십 년 동안 부동산 영업을 해온 사장님에게 난 맛있는 먹잇감일 뿐이었다.

하지만 그분의 말은 억지였다. 만에 하나 단독매물이라면, '동일매물 묶기'에 안 묶이고 따로 노출이 돼야 했다.
— 됐고요, 물건 안 내리시면 허위매물로 신고합니다.
이렇게 전화를 끊었더니 몇 분 뒤 문자가 왔다.

"오해 마세요. 기분이 나쁘다고 하시니 일단 내렸습니다."
그게 말이에요, 방구예요. 진짜 사장님 매물이면 끝까지 당당하셨겠죠.

상황은 상여자 사장님 덕분에 깔끔하게 정리됐다. 기가 세기만 한 게 아니라, 어떤 상황에서도 내 편이 되어주는 사람이었다. 역시 내 눈은 정확하군!

그날 이후로 나는 결정했다.
무슨 일이 있어도, 끝까지 상여자 사장님을 믿기로.

제6장

아무도 몰랐던 강남의 빈틈

"떡상 전의 비트코인을 발견한 듯 심장이 두근거리기 시작했다."

집을 비싸게 팔 생각만 가득했던 내 머릿속. 그보다 더 크게 내 생각을 차지했던 두 글자가 있었다.

강남.

"나 이번에 강남으로 갈아탔잖아."

박 팀장… 아니, 상급지를 생각하면 자연스레 강남이 떠올랐다. 현실적으로 접근 가능한 매물이 많지 않다는 걸 알면서도 자꾸만 눈은 높아졌고 마음은 더 멀리 향했다. 어설프게 비슷한 생활권으로 옮기는 건 의미 없었다. 큰 결심하고 갈아타는 거라면 확실한 변화가 필요했다.

몇 년 동안 유튜브를 보며 배운 진리 하나.
"부동산은 입지다."

나는 그 말을 마치 주기도문처럼 중얼거리며 살았다. 그게 정확히 뭘 의미하는지는 몰랐다. 그저 나는 강남 3구, 그중에서도 토지거래허가제(토허제)로 묶인 지역에 주목했다. 정부가 찍어준 답지, 잠삼대청(잠실, 삼성, 대치, 청담). 정부가 찍어준 호재, GBC. 삼성역이 천지개벽할 거라는 기대가 넘쳐났고, 투자 수요가 몰리지 않도록 규제를 걸었다. 그 자체로 확실한 상급지 인증서였다.

특히 대치와 잠실이 눈에 들어왔다. 탄탄한 학군, 풍성한 인프라. 게다가 갭투자를 막아버린 덕에 실거주자만 들어갈 수 있는 환경이었다. 실거주 갈아타기. 지금이 그 기회를 잡을 타이밍이라 생각했다.

그날도 다람이를 재우고, 혼자 소파에 누워 네이버 부동산으로 가격대를 정해두고 대치와 잠실 부근의 아파트 시세들을 살펴봤다. 세대수를 1000 세대 이상으로 필터링하고 실거래가 하락률을 보니 전부 그 수치가 높았다. 그렇게 나온 아파트들은 잠실엘스, 리센츠, 헬리오시티, 도곡렉슬. 뉴스에서만 보던, 커뮤니티에서만 읽던 '그 아파트'였다.

그중 한 곳에서 눈이 멈췄다. 도곡렉슬. 무심코 지나칠 수 없는 숫자가 보였다. 하락률 34.9%. 잠깐 멈췄다. 고덕이 30% 떨어진 것도 충격이었는데, 도곡렉슬이 -34.9%? 24억이 넘는 가격에 거래되던 물건이 실거래가 16억이 찍혔다고? 고개를 숙인 채 다시 스크롤을 내리고, 매물을 클릭하고, 실거래가를 확인했다. 진짜였다. 이건 진짜다. 심장이 빨리 뛰었다.

— 미쳤다…. 도곡렉슬 26평이면 우리 예산 안이다.

그 순간 머릿속에서 도파민이 폭죽처럼 터졌다. 도파파민. 도곡파민. 도곡렉슬. 도렉파민. 아무 의미 없는 단어 조합이 광란의 리듬처럼 몰아쳤다.

흥분을 누르며 정신을 붙잡았다. 침착하자. 도곡에 가는 김에 대치동까지 같이 보고 오자. 대치동의 아파트들을 찾았다. 대치동 아파트들은 정말 뻔했다. 내 예산으로 가능한 건 대치삼성과 대치현대였다. 그 둘을 살펴보니 좀 특이한 부분이 있었다. 실거래도 없고, 매물도 적었다. 게다가 서울의 아파트들이 신고가를 찍던 22년에는 거래가 없었다.

만약 그때 거래가 됐다면 분명히 훨씬 더 높은 가격이었을 거나. 거래가 없었다는 이유로 사람들이 대치동의 아파트들을 평가절하하고 있는 걸까. 도곡과 대치, 여기로 가자. '떡상' 전의 비트코인을 발견한 듯 심장이 두근거리기 시작했다.

내가 강남구 대치동에 등기를 친다고? 강남 3구에서 '강남 그 자체'를 맡고 있는 강남구? 압청대삼반(압구정, 청담, 대치, 삼성, 반포의 줄임말)의 센터 대치동?

미래는 정해졌다. 나는 대치동으로 간다. 목표를 현실로 만들기 위해 '대치대디'라는 닉네임으로 블로그도 만들었다. 아무도 몰랐던 강남의 빈틈, 그 틈을 발견한 느낌. 그 문이 닫히기 전에 비집고 들어가야 한다. 나는 벌떡 일어나, 자고 있던 아내에게 달려갔다.

― 여보! 우리 대치 임장 가자!

제7장

도곡 도곡 도곡 도곡동 주민이 걷는 소리

"타워팰리스 아시죠? 거기 도곡동 살아요."

강남구 주민이 된다는 사실에 설레서 잠이 오지 않았다. 다음 날만을 기다렸다. 아침 9시가 되자마자 부동산에 연락해 토요일 방문 약속을 잡았다. 그렇게 아내와 다람이까지 세 가족이 모두 대치동과 도곡동 임장에 나섰다.

부동산에 도착하자 사장님이 던진 첫마디.
"집 파셨어요?"

아직 집 못 팔았다고 얼굴에 쓰여 있나. 아님 관심법이라도 쓰시는 걸까.

 아내는 눈이 동그래지며 당황했다. 나도 놀랐지만 어색함을 애써 감추며 황급히 화제를 돌렸다.
 ― 고… 곧 팔릴 것 같아요. 오늘 보는 매물은 몇 층이에요?

 "10층이에요. 주인 분이 렉슬 안에서 평수 넓혀서 가고 싶어 하세요."
 중개인은 아무렇지 않게 받았다. 올선에서도 그랬다. 단지 내에서 갈아타려는 사람. 실거주 만족도가 높다는 뜻이었다.
 "방 두 개짜리도 있고, 세 개짜리도 있어요. 3억 넘게 차이 납니다."

중개인의 말에 나는 처음 알게 된 사실을 마주했다. 렉슬의 20평대는 한 가지 타입이 아니었다. A 타입은 방 두 개에 화장실 하나, B 타입은 방 세 개에 화장실 하나. 둘 다 26평이지만, 구조와 가격이 달랐다. 언뜻 비슷해 보이는 조건들이 시장 앞에서는 정교하게 분리됐다. 그 차이를 모르고 34.9%나 하락했다고 착각했다. 자본주의는 그 작은 차이까지 정확히 계산하고 있었다. 무섭도록 냉정하게.

내 예산으로는 방 세 개짜리는 무리였다. 그렇다면 남은 건 방 두 개짜리 26평뿐. 신혼집과 비슷한 방 2개 화장실 1개 구조. 여기 살면 헝그리 정신이 절로 살아나서 이 악물고 살게 될 것 같았다. 걱정도 있었다. 대형이 즐비한 렉슬 안에서 가장 소형 평수 주민으로 사는 것에 대한 두려움이었다. 우리 부부는 잠시 느낄 감정이겠지만, 딸이 학교에서 가질 위화감이 혹시나 상처가 되진 않을까 하는 불안.

그럼에도 불구하고 맞벌이 부부인 우리에게 도곡렉슬은 너무나 매력적인 선택지였다. 단지 내 상가에는 마트와 병원, 학원을 비롯해 웬만한 생활 인프라가 다 있었다. 무엇보다 서울에서 전교생 수 1위라는 대도초등학교가 단지 바로 앞에 있었다. 학교와 학원, 집까지 원스톱으로 연결되는 생활 동선은 맞벌이 부보에게 꿈같은 구성이었다.

더군다나 대도초부터 숙명여중, 숙명여고까지 이어지는 여학생 강남 8학군 라인을 아이에게 줄 수 있다는 건 부모로서 쉽게 지나칠 수 없는 기회였다.

대치를 갈까, 도곡을 갈까? 그래도 역시 대치동일까?
비교 대상이었던 대치삼성은 남학생 학군으로 더 알려져 있었고, 초등학교까지의 거리가 상대적으로 멀다는 점이 마음에 걸렸다. 다람이가 중학생쯤 되었더라면 학원가 중심의 대치삼성도 고려했겠지만, 아직은 초등학생이기에 도곡렉슬이 더 현실적인 선택처럼 보였다.
렉슬로 가면 다람이가 숙명여중고를 가겠군. 우리나라 최고의 명문 여중고 라인! 어차피 도곡동은 대치동 따라갈 테니까 도곡으로 가자!

하아, 내가 도곡동 주민이 된다니.
강남구 도곡. 타워팰리스가 있는 그곳! 도곡동!
좋아쒀!!!!!!!!!!!!!

어디 살아요?
아, 저, 타워팰리스 아시죠? 거기 도곡동 살아요.
도곡렉슬이라고, 아시려나 모르겠네요. (훗)
아~ 아세요~? 하하하. 제 딸이 숙명여고 다녀요.

도곡 도곡 도곡(도곡동 주민이 걷는 소리).
또곡 또곡 또곡.
어이 숙명여고생 김다람! 아빠랑 떡볶이 먹으러 갈까!

마음속 결론은 어느 정도 정해졌다. 방이 두 개뿐이더라도, 가격만 싸다면 렉슬로 간다. 그렇게 생각하며 부동산을 나서는 순간, 사장님의 말이 등 뒤에서 꽂혔다.
"얼른 집부터 팔고 오세요."

돈 없는 처지를 들킨 것 같아 뜨끔했다. 사장님은 언제부터 눈치 채신 걸까?

제8장

부동산 모태솔로의
현실 자각 타임

**"결국 중요한 건 가격이었다.
인정하고 싶지 않았을 뿐."**

맞다. 우리에겐 돈이 없었다. 집을 팔아야 했다. 그래야 강남이든 잠실이든, 어디든 살 수 있는 여력이 생긴다. 그런데 우리 집은 벌써 한 달째 손님 그림자조차 보이지 않았다.

이렇게까지 반응이 없을 줄은 몰랐다. 매물을 내놓기 전엔 나름 공부도 했다. 그중 가장 많이 들은 건 '가격을 내리라'는 말들이었다. 매도자라면 백 번은 들었을 법한 조언. 그 뻔한 말을 들으면 오히려 반감이 생겼다. 부동산 카페며 블로그, 유튜브까지 샅샅이 뒤져서 다른 방법을 찾았다. 그 중 하나는 온라인 노트 플랫폼을 활용하여 매물의 특장점과 사진 등을 올리라는 팁이었다. 바로 부동산 매도 '온라인 전단지 전략'.

집 사진을 정리했다. 여름날 정원이 무성하게 펼쳐진 거실 사진, 다람이가 뛰놀던 사진을 정성껏 골라 올렸다. 실내 구조와 채광, 조망, 커뮤니티 시설 같은 장점도 요목조목 정리해뒀다. 매수자가 나타나면 지인에게 부탁해 가상의 경쟁 매수자를 등장시킬 계획까지 세워뒀다. 나름 전술적이라고 믿었다. 중개사무소에서 손님만 데려오면 됐다. 링크를 클릭하고 사진을 보기만 한다면 바로 계약으로 이어질 거라고 확신했다. 하지만 시장은 날 기다려 주지 않았다. 잠실 대장 아파트인 엘스의 실거래가 오르고 있었다.

받) 잠실엘스 거래 완료(벌써 5천 올랐슈).

상여자 부동산만 믿어서는 안될 것 같았다. 새로운 부동산, 믿을 만한 사람을 다시 찾아야 했다. 마침 아내가 맘카페에서 누군가가 추천한 부동산이 있다며 휴대폰 화면을 내밀었다. 댓글창에는 짧은 후기 하나가 적혀 있었다.

장영란 부동산 추천해요! 사장님이 말은 좀 많으신데, 일 잘하시고 친절해요. ^^* 그분도 고덕 사시는 분이라서 매도자 편 잘 들어주더라구용.

[장영란 부동산 이야기]

 장영란은 오늘도 믹스 커피를 진하게 타서 한 손에 들고, 다른 손으로는 휴대폰을 잡았다. 새로 올라온 맘카페 게시글을 보던 중, 낯익은 단어가 눈에 들어왔다. '부동산 추천 좀 해주세요'라는 제목. 다른 사람들이 댓글을 달기 전에 본인이 직접 써버렸다.

 "장영란 부동산 추천이요!"
 스스로도 웃겼는지, 댓글을 단 다음 잠시 킥킥 웃다가, 혼잣말로 중얼댔다.
 "아이 참, 내가 뭐 틀린 말 했어? 아니잖아~ 단골 손님만 해도 얼마나 많은데~ 봐봐, 내 댓글에 벌써 좋아요도 달렸네! 호호홍."

 마치 라디오 DJ처럼 혼잣말을 하며 데스크를 정리했다. 작은 사무실이 밝은 에너지로 가득 찼다. 남의 사정을 묻기보단 자기 얘기를 먼저 꺼내놓고, 손님이 마음을 놓게 만드는 사람이었다. "막내 딸이 재수하잖어~ 속 터져, 증말!" 같은 말을 하면서 학원 얘기로 자연스럽게 넘어가는 식이었다. 말이 많고, 웃음도 많은 그녀의 사무실은 개업 1년 만에 동네 엄마들의 사랑방이 됐다.

"오늘은 어떤 손님이 오려나~"

휴대폰을 보며 두리번거리는 손님 하나가 문 가까이로 걸어왔다. 역시 홍보에는 맘카페가 최고라니깐.

아내가 보낸 주소를 찾아갔다. 좁은 도로 끝, 낡은 건물 구석에 달린 분홍색 간판이 눈에 들어왔다. '장영란 부동산'. 문을 열자마자 믹스커피 특유의 달큰한 향기가 나를 반겼다.

"어머, 안녕하세요! 어머, 어머! 앉으셔요. 물 한 잔 드릴까? 커피도 있는데~ 자 여기 방울토마토도 드셔. 어떻게 오셨어요? 집 사려고? 팔려고? 전세?"

정신없이 말을 이어가는 사장님 앞에서 겨우 한마디를 끼워 넣었다.

― 집 내놓으려고요. 직접 정리한 온라인 전단지인데, 손님들 보여주세요.

휴대폰으로 정리한 페이지를 보여줬다. 사장님이 스크롤을 내리며 소개글을 훑었다.

"어머머. 요즘은 이렇게도 하네. 정보도 다 있고 보기 편해! 집 너무 이쁘다~ 몇 동 몇 호야? 101동? 저층? 얼마에 내놓으시려고? 아이고, 그 가격은 안 돼, 안 돼. 요즘 여신 경생 매물이 너무 세. 봐봐. 지금 1순위 매물이랑 3천밖에 차이가 안 나잖아. 근데 층이 훨씬 높지. 뭐 사겠어? 3천 더 주고 로얄 사지. 앞에 매물 빠져야 사장님 차례가 와. 그치? 요즘 손님들 귀신이야, 귀신! 실거래 안 뜬 거래들도 다 어디서 듣고 오더라구! 아주 그냥 집주인이나 손님이나 시세 다 꿰고 와. 가격 내려야 돼."

어쩌면 답을 알고 있었는지도 모른다. 하지만 외면했던 현실이었다. 아무리 모태솔로라도 썸녀에게 4주째 연락이 없으면 뭔가 잘못됐다는 걸 눈치채게 된다. 결국 중요한 건 가격이었다. 인정하고 싶지 않았을 뿐. 그래. 가격을 내리자.
— 물건 드릴게요.

부동산을 나와서 상여자 사장님에게도 호가를 4천만 원 내린다는 문자를 보냈다. 호가 조정은 효과가 있었을까?

호가 조정의 효과는 굉장했다! 상여자 부동산에서 연락이 온 거다.
"안녕하세요. 다음 주 월요일 오전 시간 되실까요?"

드디어 나에게도 첫 손님이!
야호!

ⓘ 대치대디의 부동산 오답노트

✓ 내 물건 냉정하게 보기

시세가 비슷한 지역의 아파트 실거래를 확인하자. 매수자는 내 지역 아파트만 보고 있지 않기 때문이다.

가격이 비슷하더라도 각자의 조건은 다르다. 세대 수, 거래량, 동, 층, 뷰, 향, 인테리어, 조건 등.

저층인데 RR 매물과 동일한 가격으로 내놓는다거나, 비 한강 뷰 매물인데 한강 뷰 매물과 동일한 가격으로 내놓으면 팔리기 어렵다. 이때만큼은 내 집에 대한 애정을 접어두자.

제9장

첫 손님맞이 준비

"서장훈 vs. 브라이언 vs. 노홍철, 누가 집을 잘 팔까?"

 딱 한 팀. 한 팀만 와보라, 이 말이야. 어차피 집을 사는 건 딱 한 팀이잖아. 많이 보여줄 필요 있어? 막말로 첫 손님이 우리 집 보자마자 맘에 들어서 사면 장땡 아니냐 이거야. 모태 솔로지만 첫 여자친구와 결혼까지 하면 되지! 첫사랑은 이루어진다(환승 연애를 꿈꾸며)!

 첫 손님맞이를 앞두고 나는 철저한 준비를 시작했다.
 스티커 제거제를 사서 딸이 이곳저곳 붙여놓은 티니핑과 보석 스티커를 모두 떼어냈다. 버릴 수 있는 건 다 버렸다. 아직 쓸 만한 것들은 최저가로 당근에 올렸다. 물건을 팔수록 거실이 넓어졌다. 서재에 있던 부동산 투자나 재테크 책들은 모두 수납장 속으로 밀어넣었다. 대신 아이 영어 그림책, 있어 보이는 전공 책을 전면에 배치했다.

가장 중요한 건 햇빛이었다. "사장님, 해가 제일 잘 드는 시간이 오전 10시에서 오후 2시 사이예요. 가능하면 그때 손님 데려와 주세요." 전화를 걸어 당부했다. 저층도 해가 잘 든다는 걸 보여주고 싶었다.

저층. 그렇다. 우리 집은 저층이었다. 정원이 보이는 창밖 풍경, 나는 우리 집의 강점을 믿었다. '정원 뷰'를 극대화하기에 집착하기 시작했다.

정원 뷰를 깨끗하게 만들기 위해서는 창문 청소가 필수였다. 청소 도구를 사러 다이소에 갔다. 청소 코너의 도구들이 속삭이는 듯했다. '집을 팔고 싶다고? 나를 데려가!' 창문 청소용 와이퍼, 연장봉, 극세사 걸레, 유리 세정제, 틈새 솔…. 어떤 게 가장 효과적일까 고민하다가, 그냥 싹 다 사버렸다. 추가로 온라인으로 창문 외측용 자석 청소기까지 주문했다. 이왕 하는 거, 제대로 해야지.

청소용품이 도착하자마자 아내와 딸은 처가로 보내고 청소를 시작했다. 4시간이 흘렀다. 내가 할 수 있는 최선을 다해

창문을 닦았지만, 도저히 닦이지 않는 부분이 있었다. 아내에게 "오늘 창문 청소 내가 다 끝낼게"라고 장담을 해놓고, 더러운 부분을 남긴 채로 작업을 마치고 싶지 않았다. 혹시 창문을 분리해 보면 어떨까?

― 집도를 시작하지.
나는 결연하게 마른 수건으로 손을 닦았다. 마치 중환자의 수술 집도를 앞둔 외과의사처럼. 수건을 내려놓고 드라이버를 집어 들었다. 창문 청소는 생각보다 훨씬 큰 수술이었다.

으쟈쟈! 힘껏 창틀을 당겼다. 그러나 환자는 묵묵부답이었다. 바들거리며 팔에 힘을 주고, 허벅지까지 써가며 용을 썼지만 창문은 꿈쩍도 하지 않았다. 얼굴이 벌겋게 달아오를 만큼 힘을 집중했다. 무게 중심을 옮기고, 호흡을 조절하며 버틴 지 10분쯤 지났을까. 그러다가 뭔가가 덜컥, 풀렸다.

몸의 중심이 무너졌다. 몸이 그대로 뒤로 젖혀지는 순간, 머릿속에 몇 가지가 떠올랐다.

비눗물. 대야. 거실.
우당탕탕!!!!!!!!!!

비눗물이 온통 거실에 쏟아졌다. 아… 오늘 하루가 길겠구나. 아내 들어오면 안 되는데…. 아… 이래서 사람 쓰는구나…. 얼른 바닥부터 닦자…. 비눗물을 닦으려면 수건 10장이 더 필요했다.

띡띡띡띡.
눈물을 흘리며 비눗물을 닦고 있는데 들어온 아내.
"…"

거실에서 이어진 다람이의 슬라이딩, 내 등짝에 꽂힌 아내의 스매싱, 그리고 이어진 약 10분간의 변명. 결국 밤 9시가 되어서야 창문 청소 완료.

이제 준비는 끝났다.
…끝? 아니. 아직 한 발 더 남았다.

내 마지막 한 발은, 나무.
나무였다.

ⓟ 대치대디의 부동산 오답노트

✓ 매도의 기술

1. 인테리어는 무난한 톤(화이트, 베이지 등 대중적인 스타일)이 최고.
2. 버릴 물건은 전부 다 버린다(집이 넓어 보여야 함).
3. 버리기 아까운 물건은 당근으로 판다.
4. 재테크 책은 숨기고, 전공 책을 꺼낸다(매수자에게 손해 본다는 인상을 줄 수 있다).
5. 해가 잘 드는 시간에 약속을 잡는다.
6. 청소(향기와 음악은 선택 사항).
7. 가격, 가격, 가격.

예를 들어보자.
서장훈, 브라이언, 노홍철.
깔끔하기로 유명한 세 분.
이 중에 누가 집을 제일 잘 팔까?

① 서장훈 : "치우기 싫다면 물건을 두지 않으면 된다"
  ㄴ 미니멀리스트가 사는 순정 상태의 집.

② 브라이언 : "지구에선 인간들이 제일 더러워"
  ㄴ 맥시멀리스트인데 깔끔한 집.

③ 노홍철 : "아닌데? 사람들이 뭘 모르는 건데?"
  ㄴ 개인 취향이 강하게 반영된 집.

BEST :
- 서장훈처럼 집을 비운다.
- 브라이언처럼 청소한다.
- 노홍철처럼 개인 취향 인테리어는 하지 않는다(이런 집은 매도가 어렵다. 예를 들면 블랙 인테리어).
- 다소 아쉬운 가격으로 내놓는다.

WORST :
- 비싸게 내놓는다.

제일 좋은 건 빨리 파는 거다. 빨리 팔아야 상급지 물건을 조금이라도 쌀 때 잡을 수 있으니까. 그리고 빨리 팔려면 가격이 싸야 한다.
결국 최고의 매도 전략은 싸게 내놓는 것이다.

제10장

집을 빨리 팔려면 '이것' 하세요

"나무 심어도 될까요? 제가 직접 심겠습니다!"

— 여보, 나무 심어야겠는데.

밥을 먹다가 문득 아내에게 말했다. 거실 앞의 나무가 죽자 관리소에서 죽은 나무를 뽑고 그 자리에 흙을 덮은 것이 이유였다.

"나무? 또 이상한 데 꽂혔네. 창문 부술 뻔했던 게 언제였더라? 관리소에서 퍽이나 심게 해주겠다."

살짝 쫄았다. 아내는 뭘 그렇게까지 하냐고 했다. 하지만 최선을 다하고 싶었다. 이미 나무에 꽂혀버린 나를 막을 수는 없었다. 관리실에 전화를 걸었다.

여보! 기다려 봐. 허락 받아온다!

— 안녕하세요. 저희 집 앞 나무가 죽었는데, 고사목 재식재 일정 나왔나요?

"글쎄요. 제가 아는 계획은 없어요."

— 아, 넵.

집을 팔아야 하지 않았다면 그냥 저렇게 통화를 마무리 한 채로 끝냈을 거다.

하지만 나는 너무 간절했다. 목마른 사람이 우물을 파야 한다. 그 누구도 대신해 주지 않는다는 걸 지난 시간 동안 깨달았다. 관리실에 다시 전화를 했다.

— 안녕하세요! 아까 전화했던 사람인데요! 고사목 자리에 나무 심어도 될까요?

혹시 거절할까 봐 바로 말을 이었다.

— 당연히 나무는 제 사비로 살 거고요! 심는 것도 제가 직접 심겠습니다!

처음 듣는 제안인 것 같았다. 관리소 직원은 내 기세에 놀란 듯 했다. 잠시 옆 사람과 얘기를 하더니 대답했다.

"어…. 그… 그러면… 그렇게 하세요;;;;"

나무 식재 관리소 승인 완료.

여보! 봤지! 한다면 한다! 심는다면 심는다!

묘한 성취감이 있었다. 나무를 심어본 경험도 없던 나는 무작정 집 근처의 꽃시장으로 갔다. '에메랄드 그린'이라는 나무를 추천받았다. 이름이 에메랄드 그린이라니! 예쁘다!

― 사장님, 나무 사면 심어도 주실 수 있나요?
"5만 원 더 내면 심어주지."
― 그럼 제가 직접 심는 게 낫겠네요. 수고하세요.

자본주의는 늘 추가 비용이 있다. 추가 비용을 내기 싫으면, 나의 노동력을 대신 지불해야 한다. 온라인으로 에메랄드 그린 2그루를 주문했다. 추가 비용 5만 원은 아깝고 나무 주문 59,000원은 아깝지 않은 나 어떤데.

배송되는 이틀 동안 유튜브로 나무 심는 법을 검색해서 공부했다. 살면서 나무 식재하는 영상을 1.5배속이 아닌 기본 속도로 볼 줄이야.

나무를 심으려면 연장도 필요했다. 집에 그런 게 있을 리가 없었다. 그런데 장인어른이 텃밭을 하시잖아?

어느 날 갑자기 삽을 빌려달라는 사위.
― 아버님! 텃밭에서 쓰시는 삽 있나요? 저 좀 쓰겠습니다!
"삽은 없고, 괭이 있어. 근데 왜?"

― 아아, 집을 팔려고요!

"집을 팔려고? 아니, 그니까 집을 파는데 괭이는 왜?"

― 집 앞에 나무를 심으려고요!

"나무를 심어? 아니, 그니까 집을 파는데 나무를 심어? 김서방, 근데 강남 갈 수 있긴 한 거야? 돈이 있어?"

장인어른의 질문. 그게 되겠냐, 돈도 없는데 왜 저러고 있지. 양가 부모님의 시선은 늘 믿음보다는 의심이 컸다. 그런 부모님에게 증명해 보이고 싶었다. 고덕을 잘 팔아서, 강남 집을 사는 모습을 말이다.

― 예, 아버님. 제가 나무 심어서 한 번에 강남 가는 거 딱 보여드릴게요!

대답하면서 생각했다. 네. 돈이 있을 예정이에요. 집을 팔면 생겨요. 제가 잘 파는 거 보여드릴게요. 아버님, 제가 해내겠습니다.

다음날 아버님은 내 키만 한 괭이를 가져다 주셨다. 그리고 그다음날에는 괭이 옆으로 나무 2그루가 배송됐다. 나무 2그루와 괭이, 모든 준비 완료.

퇴근하고 집에 도착하던 저녁 7시, 어둑해지는 시간이었다. 그 어두운 시간에 나무를 심고 있으면 너무 수상하잖아? 아무리 관리소에 허가를 받았다고는 해도, 그 어두운 시간에 괭이로 땅을 파고 나무를 심는 남자…. 주민들에게 신고당할 게 뻔했다.

토요일 새벽 6시, 손님이 오는 날 새벽에 심어야 했다. 매일 나무 뿌리에 물을 주며 그날만을 기다렸다. 대망의 나무 심는 날, 혹시나 새벽에 일어나지 못할까 봐 소파에서 잠을 자고 일어났다. 괭이와 나무 2그루는 생각보다 훨씬 더 무거웠다. 게다가 괭이까지 들고 걸으니 땀이 줄줄 흘렀다. 지나가는 사람이 없어서 다행이었다.

빨리 끝내자. 괭이를 휘둘렀다.
홋… 차!!!!!

솔직히 나무 심는 거 엄청 쉬울 줄 알았다. 괭이로 땅 퍽퍽 판 다음에 나무 심고 다시 흙으로 덮으면 되는 거 아닌가?

까앙!!!!!
깡 소리와 함께 덜덜덜덜 떨리는 괭이. 그걸 간신히 붙잡고 있는 내 양손. 내 눈빛은 괭이와 함께 흔들렸다.
잉? 뭐지? 아니, 잠깐만…. 뭐여, 이거.

이게 뭔 소리여, 시방?

깡? 왜 깡 소리가 나는 거지?

내가 기대했던 소리는 포슬한 흙을 팠을 때 나는 퍽 소리였다. 하지만 귀에 꽂힌 건 대리석이나 돌판 혹은 금속을 치는 듯한 깡 소리.

이쪽 땅이 좀 단단한가 보네…. 밑에 돌이 있나?
그럼 약간 옆을 파볼까? 홋차!
까앙!!!!!

뭐여? 여기까지 돌인가? 그 옆을 파자….
까앙!!!!!

아아, 돌이 되게 큰가 보네. 감 잡았어!
그 옆을 파도, 또 옆을 파도, 들리는 소리는 똑같았다.

깨앵!!!!!(어딜!)
캉!!!!!!!!!(감히!)
캥!!!!!!!!(꼼수로!)
키엥!!!!!!!!!!!(집을!)
키에엥!!!!!!!!!!!!(팔려고!)

모두가 잠든 새벽 6시였다. 부지런한 사람들은 상쾌하게 조깅을 하며 하루를 시작하는 시간이었다. 그 평화로운 풍경 안에 괭이질을 하는 내가 있었다. 이른 새벽의 괭이질, 집을 팔기 위한 나무 심기.

조용한 시간이라 소리가 유독 크게 울려퍼졌다. 어쩌면 눈치가 보여서 내 귀에 더 크게 들렸는지도 모르겠다. 앞 동까지 부딪힌 깡 소리는 메아리로 돌아와 내 귀에 다시 날카롭게 때려 박혔다.

아파트 단지에 울려 퍼지는 깡깡 소리. 알고 보니 흙 부분이 생각보다 깊지 않았다. 흙 바로 밑이 콘크리트였던 거다. 예상보다 높은 난이도에 손바닥이 까지고 피가 났다. 목장갑을 꼈어야 했는데 너무 간단하게 생각했다.

어렵게 땅을 파서 흙으로 가까스로 덮었는데 나무가 자꾸 쓰러졌다. 아, 맞다. 물. 나무를 심으면 물을 부어서 공기를 없애줘야 한다. 집에 가서 물을 2리터씩 받아와 흙에 붓고 다졌다. 신발과 바지는 진흙으로 더러워졌다. 손바닥은 까져서 피가 나고 얼굴과 이마는 땀 범벅이었다.

군대 이후로 내가 삽을 든 적이 있었던가? 아, 이거 삽 아니고 괭이지. 집을 팔려면 나무를 심을 줄 알아야 하는구나. 이게 다 내 집이 저층인 탓이구나. 이번에 갈아탈 때는 절대로 저층은 사지 말아야겠다. 대체 어디서부터 잘못된 걸까.

솔직히 그 순간만큼은 저층인 내 집이 원망스러웠다. 단지 운이 좋게 부동산 하락기에 결혼을 해서, 단지 운이 좋게 청약이 되고, 단지 운이 좋게 상승기를 맞아서, 오로지 운이 좋은 덕분에 이만큼의 자산을 불릴 수 있게 된 사실은 까맣게 잊은 채 말이다.

1층 주민이 지금 내 모습을 보면 뭐라고 생각할까. 나를 이상하게 볼 수도 있겠지. 아니지, 그래도 이건 좋은 일이잖아.

죽은 나무 대신에 새 나무를 심는 건데! 누가 봐도 우리 아파트…. 나의 매도…. 아니, 지구를 위해 하는 일이지! 그러니 이상하게 보일 이유는 없다고 스스로 다독였다. 그런데도 어쩐지 눈치가 보였다.

지나가던 할아버지가 나를 힐끔 쳐다봤다. 순간 움찔하며 쫄았다가 태연한 척 했다. 괜히 몸을 더 곧게 세우고 스트레칭을 했다. 그분이 내게 말을 걸까 봐 긴장했지만, 다행히 그냥 지나치셨다.

그런 내 모습이 바보 같았다. 혼자 실성한 듯 헛웃음을 터뜨리며 나무를 심었다. 조금의 후회도 남기고 싶지 않았다. 입에서 단내가 날때까지 노력하자고 생각했다.

— 우리 고덕이, 가격 잘 받아서 좋은 집주인에게 팔아주마….

그렇게 어설프게 쫓기듯 마무리한 1차 나무 식재. 그때는 마지막일 줄 알았던 나무 식재를 두 번이나 더 하게 될 줄은 몰랐다. 그날 내가 심은 건 단순히 두 그루의 나무가 아니었다. 반드시 상급지로 가고야 말겠다는 나의 의지와, 환경을 탓하지 않고 인생을 주도적으로 살겠다는 결심이었다.

어쨌든 나무 심기도 완료.

| * | * | * | * | * |

월요일이 되었다.

"와, 집이 너무 예뻐요!"

첫 손님이었던 40대 추정 부부는 우리 집에 들어오자마자 연신 '이쁘다, 이쁘다'를 연발했다. 창문 닦고 나무 심은 보람이 있구만. 하지만 매도에 간절해 보이기 싫어서 최대한 무심하게 반응했다. 그렇게 인생 첫 부동산 손님맞이를 끝냈다.

그리고 약 1시간 뒤 사장님에게 온 전화.

혹시나?
바로 팔리나?
누가 매도는 예술이라 했냐?
너무 쉬운데? 바로 팔리네?
장인 장모님 보셨죠?
이게 접니다~ 김서방~

기대감으로 전화를 받았다.
— 네, 여보세요. 사장님.

벌써 집이 팔리나요? 그분들이 산대요? 두근두근.

내 귀에 들리는 상여자 사장님의 첫마디는, 전혀 예상치 못한 말이었다.

제11장

두 부동산이
원수였다고?

**"왜!!! 하필이면!!! 장영란!!!
그 쪽에!!! 주셨어요!!!!!"**

"장영란 부동산에 집 내놓으셨어요? 네이버 부동산 보니까 장영란 부동산 여기도 매물 올라가 있던데 이거 사장님이 주신 거 맞냐구요."

— 아, 네. 거기도 드렸죠. 왜요…?

"왜!!! 하필이면!!! 장영란!!! 그 쪽에!!! 주셨어요!!!!!"
— 예? 아, 그… 장영란 부동산에 줬었나요, 제가? 그러니까 음… 아내가 줬나…? 저도 잘 기억이 안 나네요…?

다급히 변명을 했다. 이유는 모르겠지만 뭔가 큰 잘못을 한 것 같았다. 왜 이렇게 화가 나셨지?

"암튼 알겠습니다. 예."

뚝.

내가 왜 혼난 거지…?

전화를 끊고는 황당했다가, 시간이 좀 지나니 억울했다가, 아내에게 하소연을 하다가 열이 받았다.

아니 근데 막말로 진짜 솔직히 내가 뭘 잘못했냐고 아니 내가 진짜 근데 하 진짜 내가 고객 아냐? 아니 근데 진짜 아니 잠깐 근데 여보 있잖아 솔직히 진짜 인간적으로 이건 약간 선 넘은거 아냐? 왜 손님한테 화를 내지?

잠시 진정 시간을 가진 후, 이유를 알기 위해 부동산으로 출발했다. 장영란 사장님이라면 나의 의문에 명쾌한 답을 주실 것 같았다.

[장영란 부동산 이야기]

카페 앱의 알림이 떴다. "장영란 부동산 추천이요!"라고 달았던 댓글 밑에 또 댓글이 달린 거였다. 또 누가 날 추천했나 봐. 이 동네 아줌마들 정말 못 말린다니까.

"장영란 부동산 최악. 일 처리도 아마추어 같고, 손님도 못 데려옴. 아무튼 비추."

뭐야, 이거? 너 뭐야? 눈을 몇 번이고 깜빡였다. 아이디를 눌러 다른 댓글을 확인했다.

"고덕 부동산 중에서는 상여자 강추해요!"

이쯤 되면 정체는 분명했다. 아이디만 가려졌을 뿐, 이건 거의 실명 비방이었다. 상여자 또 너야? 그럼 그렇지. 헛웃음이 났다. 둘은 앙숙이었다.

20년 넘게 주부로 살던 장영란씨. 아이가 재수한다고 대치동 유명 기숙 학원에 들어갔다. 월 500만 원. 한 달에만 500만 원이 넘는 학원비는 남편 월급으로 빠듯했다. 마트 계산대라도 나가볼까 싶었는데, 마침 친한 언니가 말했다.

"영란아, 너는 부동산 영업하면 딱이야."

그렇게 상여자 부동산에서 시작한 아르바이트. 그녀의 성격엔 영업이 천직이었다. 대표의 실적까지 넘어서 버렸다. 다 그녀의 타고난 활달함 덕분이었다.

"그때 집 보여주셨던 분 계세요?"

손님들은 대표 대신 장영란 실장을 찾기 시작했다.

그때부터였다. 부동산 대표, 상여자. 원래도 사나운 성격이긴 했지만, 영업 잘하는 직원을 향한 시선이 미묘하게 변해갔다. "영란 씨는 남자 손님한테 말을 참 부드럽게 잘해~"라고 눈치 주던 그 여자.

신경질을 버티며 공부해서 공인중개사 자격증을 땄다. 골목 구석의 작은 점포를 하나 얻었다. 간판도 시트지를 사서 붙이고, 에어컨과 복사기도 중고로 들였다. 그래도 손님은 찾아왔다. 아는 맘카페 회원들과 지인들이 하나둘 소개를 해주며 손님이 이어졌다.

"엥? 아녜요! 장영란 사장님 정말 최고였어요!"
비추천한다는 글에 반박 댓글을 달고 코웃음을 쳤다.
"이 여자야. 아무리 견제를 해봐라, 내가 계약 또 따낼 걸~ 어머머. 저 봐봐. 저 앞에 한 명 또 찾아오네. 아유~ 101동 총각 얼른 와!"

|*|*|*|*|*|

— 사장님 안녕하세요~ 어이구~ 저기~ 다른 건 아니고~
물어보고 싶은 걸 숨기고 말을 빙빙 돌렸다. 눈치만 보다가 궁금한 걸 물었다.

― 상여자 사장님은 성격이 좀 불같으신가 봐요~?

"왜? 또 손님한테 화냈어? 으휴 증말 내가 못살아. 아니 안 그래도 상여자에 내놓은 거 보고 내가 진짜 웃겨가지고 증말 어떻게 골라도 그 여자를 딱 골랐어 그래? 처음에는 설명 잘해주지? 근데 매물 주면 나중에 돌변한다? 내가 상여자 밑에서 일했잖아. 예전에는 손님이랑 싸우는 거 옆에 이순재 부동산에서 와서 말리고 난리도 아니었어. 어휴 난 그냥 말을 안 섞고 말어. 상여자 그 여자 근데 공인중개사 자격증 없는 거 알아요? 그 여자 자격증 없어~ 몰랐어? 자격증 없는데 그냥 기존에 있던 부동산 있지? 거기 인수해 가지고 지금 장사하는 거야. 어휴 정말 몰랐어? 원래 욕심 많은 스타일이야. 나 그만두고 개업할 때도 반경 50미터 이내에는 안된다 어쩐다 아주 그냥 난리 난리. 그 여자 회장으로 있는 친목회 가입도 절대 안 시켜줘. 진짜 자영업 쉽지 않어. 회사원이라 모르지?"

― 제가 그걸 어떻게 알아요….

장영란 사장님은 늘 말씀이 많았는데, 이 질문엔 그 두 배 세 배로 말씀이 많으셨다. 그만큼 남아 있는 앙금이 깊어 보였다.

공인중개업도 결국 사람이 하는 일이다. 더군다나 거래 하나에 몇 달치 생계가 달린 이 업계에서는 작은 이해관계도 크게 뒤엉킨다. 매물 하나 뺏기면 그달 생활비가 끊긴다. 그레서 사장님들은 이렇게 말하곤 했다.

"매물 다른 곳에 내놓지 마세요. 많이 내놓잖아? 동네 매물 되고 가격 방어 안 돼. 내가 잘하는 부동산 추천해 줄게."

표면적으로는 손님을 생각해 주는 말처럼 들리지만, 속마음은 따로 있었다. '나랑 친한 부동산이랑만 공유할 거야. 다른 부동산이랑은 공동중개 안 해.'

그 마음을 이해 못하는 건 아니었다. 회사에서도 껄끄럽고 싫은 사람에게는 업무 협조해 주기 싫듯, 부동산 사장님들도 관계가 안 좋은 부동산과 공동중개하고 싶지 않은 건 너무 당연했다. 문제는 고객은 그 관계를 모른다는 거다. 아니, 애초에 알아야 할 필요도 없다.

그래서 그게 뭐? 나보고 어쩌라는 거야? 내가 그걸 알았나? 고객이 본인 집 알아서 부동산에 맡기는 거지. 왜 그걸 가지고 화를 내지?

어쨌든 장영란 사장님과 대화(라고 쓰고 일방적 코리안 리스닝이라 읽음) 후에도 여전히 화가 난 채로 집으로 돌아가는 길이었다. 상여자 사장님에게 전화가 왔다.

"다음 주 수요일에 손님 오신다는데, 12시에 갈게요."

평소와 같은 톤이었지만, 단순한 통보 같은 말이었다. 하필 왜 상여자 사장님한테 물건을 줬을까. 후회가 밀려왔다. 그래도 회사에서 싫은 사람들의 얼굴을 떠올리며, 사장님도 그런 마음이었겠지 하며 이해를 해보려 하다가 그래도 마흔 가까이 된 나이에 혼난 게 억울했다가….

그들의 관계를 이용할 묘수가 떠올랐다.

제12장

부동산을 경쟁시키자

**"머리채를 붙잡고 싸우진 않았지만,
분명히 전쟁이었다."**

나의 묘수는 경쟁이었다. 연애 예능 「나는 솔로」를 보면 늘 그랬다. 첫날부터 직진하는 출연자는 순탄치 않았다. 질투를 유발하고, 경쟁을 시키는 출연자는 사랑을 얻곤 했다. 물론 과한 질투 유발은 독이 되기도 하지만, 적절한 선에서의 경쟁은 언제나 유효한 카드다. 부동산도 다르지 않다고 믿었다.

1. 장영란 사장님에겐 상여자 이야기를 가볍게 흘렸다.

사장님, 증말 상여자 사장님 때문에 미치겠어요. 자꾸 저보고 호가 내리라고…. 아는 사람이 그 가격이면 산다고 진짜 본인만 믿으라고…. 하… 진짜…. 왜 그런대요?

2. 반대로, 상여자 사장님과 통화할 때는 장영란 부동산 이야기를 흘렸다.

사장님, 얼마 전에 거래된 거 상당히 비싸게 됐더라구요. 그거 장영란 부동산에서 계약했다고 그러던데 맞아요? 세입자 있는 물건이라던데, 어떻게 그렇게 팔았지….

3. 두 사람의 약속을 겹치는 시간대로 세팅했다.

10시에 상여자 사장님 약속을 잡고 장영란 사장님에게 바로 전화.

장영란 사장님! 저희 집 약속이 지금 너무 많아서~ 10시 10분밖에 안 되는데 그때 시간 되세요?

4. 그리고 괜히 한번 전화로 짚었다.

아, 근데 사장님…. 그 시간에 상여자 부동산에서도 오시거든요. 두 분 혹시…. 좀 불편하실까 봐요. 근데 손님이 그 시간밖에 안 된다니까 어쩔 수가 없네요….

5. 상대가 손님 많이 데려온다고 자극했다.

상여자 부동산 아무래도 저희 집을 보여주는 집으로 쓰는 거 같아요…. 어휴, 미치겠어요…. 내일도 두 팀이나 데려온다는데 계약은 안 되고…. 어휴 참….

6. 하지만 양쪽에는 철저히 그쪽을 칭찬했다.
그래도 전 사장님만 믿습니다!

작전이 먹혔는지는 알 수 없다. 다만 둘에게 내 매물을 강하게 기억시키는 데에는 성공했을 거다. 두 사람의 방문 시간대를 겹치게 한 어느 날이었다.

꿀꺽. 둘이 머리채 잡고 싸우면 어쩌지…. 우리 집 앞에선 안 돼요, 사장님들…. 약속 시간을 앞두고 너무 긴장됐다. 그리고 10시 10분, 드디어 마주한 둘.

"아유~ 영란씨~ 오랜만이네~ 잘 지내? 더 예뻐졌네. 남자 손님들 다 홀리겠어!"
"어머머, 언니 무슨 말씀이에요. 어쩜 그렇게 주름 하나 없이 팽팽해? 연예인 들어오는 줄 알았어!"
"그나저나 맘카페에 추천 글도 많이 올라오더라? 언니 손님까지 뺏어가면 나 운다?"
"언니 무슨 소리야~ 얼마 전에 옆동 거래도 언니가 했더만! 친목회 또 회식 한다며? 수고해용~"

뭐지, 저거? 그 짧은 순간에 오고 간 말들은 칼이었다. 아무도 머리채를 붙잡고 싸우지 않았지만, 분명히 전쟁이었다.

제13장

벼락치기 임장: 개포 vs. 잠실, 파크리오 vs. 헬리오

"매물이 사라지고 있었다."

"김 과장, 오늘 점심 순댓국 어때?"

— 아내가 심부름을 시켜서요.
— 친구가 놀러왔어요.
— 허리가 아파서 병원에 좀….

평일엔 매물을 체크하고, 전화로 토요일 매물 임장을 예약했다. 점심시간에 이 모든 걸 하려면 회사 사람들과 함께 점심을 먹을 수 없었다. 핑계의 소재가 갈수록 고갈됐다. 어떤 날은 친한 차장님이 이렇게 물었다.

"나한테만 말해봐. 너… 요즘 혹시… 이직 준비하나?"

'이직이라뇨, 차장님…. 이사 준비해요…. 근데 성공할지 모르겠어요'라는 대답은 삼키고 '하하하. 그게 무슨 말씀이세요' 할 수밖에 없었다. 그렇게 빠진 점심시간, 갈아타기의 목적지를 정리했다.

고덕보다 확실한 상급지인 강남, 서초, 송파, 그 안에서도 엄청나게 많은 아파트 단지들. 그걸 다 둘러볼 시간은 충분하지 않았다. 아이가 있는 맞벌이 부부라서 일주일에 단 하루, 한 달에 4일만 임장이 가능했다. 그마저도 격주로 쉬는 부동산이 많아서 더 기회가 없었다. 미리 준비할 걸, 하는 후회가 됐다.

맞벌이인 우리 부부에게 가장 중요한 건 학원가였다. 나 또한 대치로 학원을 다녀서 익숙한 대치와 도곡이 1순위였다. 개포와 잠실은 대치 학원가에서 좀 떨어져 있어서 2순위였다. 그렇게 내 상황에 맞게 목적지를 좁혔다. 하지만 후보군을 좁혀도 여전히 아파트는 많았다. 벼락치기를 시작해야 했다.

[개포]

개포는 완전히 내 마음을 흔들어놨다. 아파트라기보다는 강남에 새로 들어선 리조트 같았다. 무엇보다 내가 살고 있는 고덕과 마찬가지로 '숲세권 + 신축 대단지'라는 공통점이 있어, 낯설지 않고 익숙한 느낌이 들었다. 고덕의 강남판 업그레이드 버전 느낌. 우리 부부의 직장은 각각 광화문과 동대문에 있었다. 출퇴근 경로만 따지면 수인분당선은 다소 불편한 노선이었다. 하지만 개포는 그걸 감수할 만한 곳이었다. 예산이 닿는 아파트들을 몰아서 봤다.

"어휴! 사장님! 다들 왜케 싸게 던져, 증말! 답답해 죽겠어!"

사람 사는 거 다 똑같았다. 우리 아파트 싸게 던지는 사람들 때문에 답답하면서 상급지만 잘 나간다 생각했는데, 개포 주민도 답답해하고 있었다. 디퍼아(디에이치퍼스티어아이파크) 입주권을 노리는 분이었다. 고덕 주민은 올파포(올림픽파크포레온) 입주권을 노리고, 개포 주민은 디퍼아 입주권을 노리는… 정말 온 세상이 갈아타기였다.

푸념을 하는 집주인의 거실에는 엄청난 존재감의 스피커가 있었다. '나 엄청 비싸'라고 말하고 있는 듯한 모습이었다. 궁금해서 검색해 보니, 한 쌍이 무려 1억이었다. 그 옆에 진열된 에르메스 백들이 영롱하게 빛났다. 집주인과 나의 삶은 똑

같아 보였다가도 전혀 똑같지 않았다. 괜스레 움츠러든 나는 개포 신축을 마음속에서 지웠다. 이상하게도 아파트보다 그 안의 가구와 물건들이 더 마음을 흔들었다.

개포 신축 커뮤니티 시설과 여러 프로그램은 정말 눈이 돌아갔지만, 아무래도 우리 부부가 출퇴근하기가 편치 않았다. 게다가 대치 학원가에 가깝기는 해도 저학년 때는 라이딩을 해야 하는 거리여서 맞벌이 부부로서 어떻게 할지 난감했다. 게다가 신축 팔고 입지를 사는 게 목적인데 다시 신축을 들어오는 게 맞나? 하는 생각도 들었다.

임장을 마치고 잠실로 출발하기 전, 사장님에게 물었다.
— 저 이제 잠실도 보러 가는데…. 사람들이 개포랑 잠실을 많이 비교하죠?
"잠실에서 개포는 와도, 개포에서 잠실 가는 사람은 없어! 그리고 여긴 강남이잖아! 개포는 강남! 잠실은 송파!"

[잠실]

"개포? 거기 예전 주공일때는 강남으로 쳐주지도 않았어요. 신축빨로 지금 그 가격인데…. 여기 잠실5단지 신축되면 지금 이 가격 아니에요. 그리고 교통 좋지, 학군 안 빠지지. 롯데백화점에, 아산병원에, 게다가 여긴 한강이 있잖아. 솔직히 개포랑 비교가 안 되지."

잠실의 사장님은 잠실 자부심이 대단한 분이었다. 개포 얘기만 빼고 보면, 잠실에 대한 설명은 다 사실이었다. 잠실역에 내려서 엄청나게 밀려드는 사람들을 보며 잠실에 살면 이 에너지와 활기를 온전히 받을 수 있을 것 같았다. 개포를 가자마자 사랑에 빠졌던 나는, 잠실을 보고 또 사랑에 빠졌다.

"근데 좀만 더 빨리 오지. 그 매물은 오늘 아침에 가계약금 들어갔어. 지금 좋은 매물은 싹 빠지고 호가가 1억은 올랐어."

사장님… 대체 왜 좋은 매물은 제가 도착하면 팔려 있는 건가요…. 근데 그거 아세요? 제가 도착했을 때 안 팔렸어도 어차피 못 사요…. 집을 못 팔았거든요…. 그래도 혹시 어쩌면 급매가 나올 수도 있으니… 그럼 5천 깎아서(1억 깎을 생각은 절대 안 함) 급매로 팔아야겠다…. 혼자 생각을 하며 매물을 봤다.

사랑은 다른 사랑으로 잊혀진다 했던가. 개포는 잊고 잠실에 살고 싶은 기분이었다. 게다가 야구장도 바로 옆이고, 주방에서는 한강까지 보였다. 너무 갖고 싶은데 집을 팔아도 예산은 부족하고 잠실에 살고 있는 집주인이 마냥 부러울 뿐이었다.

|*|*|*|*|*|

그 외에도 주목했던 송파의 대단지 아파트들이 있다. 파크리오와 헬리오시티. 임장 가기 전에는 늘 미리 손품*을 팔았다. 미리 정보를 찾고 가지 않으면 제대로 머릿속에 들어오지 않았다. 예습을 하고 현장에서 부동산 사장님들의 설명을 들으며 궁금했던 부분을 확인했다.

파크리오와 헬리오는 시세도 비슷했고, 둘 다 장점이 분명했다. 파크리오는 신천동이고 헬리오는 가락동으로, 둘 다 잠실처럼 토허제에 묶인 지역이 아니라는 게 또 공통점이었다. 토허제 지역으로 가고 싶었지만, 돈은 부족하고 호가는 1억씩 뛰는 상황에 두 아파트는 매력적인 선택지였다. 다른 공통점은 둘 다 대단지라는 것. 대단지는 거래량이 많고, 등락 폭이 크다는 특징이 있다.

비교할수록 박빙이다. 선택은 각자의 성향에 따라 갈릴 수밖에 없다. 어디를 고르든, 하나는 만족스럽고 하나는 아쉽다. 결국 무엇을 가질 것인지, 혹은 무엇을 감수할지를 고르는 문제에 가까웠다. 파크리오와 헬리오 매물 임장을 떠났다.

★ 직접 가서 보는 발품과 대비되는 말로, 인터넷 을 통해 정보를 미리 조사하는 것

[파크리오]

직접 가보니 조경이 시원했고, 특히 올림픽 공원이 가까운 것이 좋았다. 게다가 내부가 정말 넓게 빠졌다. 잠실 아파트들은 광폭 발코니 적용으로 실평수가 넓은 것이 큰 장점이었다. 동과 타입만 들으면 바로 계약금을 쏠 수 있도록 1~4순위의 동과 향을 정했다.

— 104동 남동향, 119동 남서향, 204동 남동향 매물 좋은 거 있으면 연락 주세요. 그리고 헬리오시티 한번 가보긴 하려구요. 아무래도 파크리오가 더 낫죠?
"아이고~ 헬리오시티? 거기는 지하철이 8호선 하나잖아? 여긴 8호선은 당연히 있고 2호선, 9호선 황금노선까지 3개나 지나가지, 올림픽공원 한강 바로 앞이지, 나 어제 허리 아파서 아침부터 아산병원 치료 받고 왔잖아~ 그리고 여긴 잠실이라고, 잠실!"

[헬리오시티]

"파크리오는 잠실 아니고 신천동인 거 아시죠? 부동산은 법정동으로 봐야지."

아앗…. 그래도 잠실 맞지 않나요…. 파크리오 좋던데….

압도적인 규모의 헬리오시티를 걸으며 사장님의 설명을 들었다. '파크밴드'라 불리는 보행로의 개방감에 눈이 맑아지는 느낌까지 들었다. 아아…. 신축 최고…. 얼어 죽어도 신축에 살래…. 눈치 빠른 사장님이 말을 이어갔다.

"요즘 젊은 사람들은 무조건 헬리오시티로 와요. 커뮤니티에 생태학습실도 있고 수영장에, 어린이집만 9개. 학군도 좋아졌어요. 잠실여고 입시 결과도 매년 좋아지고 있어요."

딸만 생각한다면 최고의 선택지였다. 신축 인프라 누리면서 초·중학교 적응하기에도 안정적이고, 잠실여고도 뜨는 명문이라 하니 좋았다. 대치보다 덜 치열한 것도 메리트처럼 느껴졌다. 대한민국 최고 대단지 커뮤니티는 비교가 안 되게 좋을 게 뻔했다. 개포든, 잠실이든 모두 다 좋은 곳이었다.

|*|*|*|*|*|

매일 퇴근길에 새로운 매물을 검색하다가, 급기야는 새 매물 알림 설정을 했다. 매물 알림은 하루에도 10번씩 떴다. 가격이 좋은 매물이 뜨면 퇴근하고 들러 임장을 했다.

리센츠, 도곡렉슬 새 매물 알림 10개

파크리오 새 매물 알림 7개

대치삼성, 헬리오시티 새 매물 알림 5개

개포래미안포레스트 새 매물 알림 1개

하루에 10번 떴던 알림은 7번으로, 5번으로, 2번으로 줄다가, 어느 날은 단 하나의 알림도 뜨지 않았다. 알림 설정이 꺼졌나…?

아니었다. 매물이 사라지고 있었다.

🏠 대치대디의 부동산 오답노트

✅ 대단지의 특징

1. 거래량이 많다
세대 수가 많으니 매물 사정이 다양하다. 이사, 차익 실현, 상속 등 이유로 매물이 꾸준히 나온다. 급매 나올 확률도 높다.

2. 등락폭이 크다
거래가 활발해 한두 건이 아니라 연속 거래로 추세가 형성된다. 상승장에선 빠르게 오르고, 하락장에선 크게 떨어진다.

※ 대단지 거래를 보면 시장 변화를 알 수 있다.

제14장

강남은
보법이 다르다

**"3억이 올랐다구요?
1억이 아니고 3억이요…?"**

1개.

목표로 두었던 아파트의 남은 매물 수였다. 하나밖에 남지 않자 무척 초조해졌다. 호가가 다소 높았지만 잡고 싶은 마음이 더 강했다. 부동산을 통해서 천만 원이라도 네고*가 될지 물어봤다. 만약에 조금이라도 깎아주면 우리 집을 그만큼 깎아서 팔아버릴 작정이었다.

하지만 부동산에서 집주인과 통화를 하더니 이렇게 전해왔다.

★ '협상'을 뜻하는 영단어 네고시에이션(Negotiation)에서 앞의 2음절을 딴 것으로, 협상을 통해 물건의 가격을 깎는 것

"집주인이 아주 강경해요. 가격은 1원도 네고가 안 된다고 하네요."

내 물건을 깎더라도 단 하나 남은 그 매물을 잡았어야 했다. 하지만 그 말을 듣고도 그저 우리 집이 빨리 팔리기만을 간절히 바라며 점심시간에 혼자서 꾸역꾸역 샌드위치를 목구멍으로 넘겼다. 그날따라 목구멍이 뻐근할 정도로 유독 뻑뻑한 샌드위치가 내 상황 같았다. 강남에 입성한 박 팀장을 떠올렸다. 대체 이걸 어떻게 했지. 순간 존경스러운 마음이 들었지만 이내 그 감정을 애서 외면했다.

우우우웅. 부동산 사장님의 전화였다.
"아이고 사장님, 오늘 계약금 들어갔대요."
그때만 해도 괜찮았다. 하지만 이어지는 사장님의 말.
"호가보다 3천만 원 싸게 거래됐다고 하네요."

네??????? 잠깐만요. 집주인이 강경하다면서요. 1원도 네고가 안된다고 했다면서요!
도대체 어떻게 산 거지? 어떻게 샀냐고, 대체. 네고 안 된다더니 그게 말이 돼? 대체 누가? 어떻게 3천만 원이나 싸게 산 걸까…. 그냥 가족간 거래 아닌가?

내막을 알고 싶었다. 부동산에 전화를 돌렸다. 10통이 넘게 전화를 한 목적은 하나였다. 거래를 성사시킨 부동산을 찾는 것.

"가족간 거래 아니에요. 저희가 했어요."
― 와, 사장님! 거기 집주인이 절대로 네고 안 해준다고 들었는데 어떻게 3천이나 깎은 거죠?

"맞아요. 원래 절대로 네고 안 해준다고 했어요. 지난번에 어떤 분이 조금만 깎아주면 바로 계약금 넣는다고 했을 때도 안 해주셨어요. '먼저 깎아주면 내 물건 깎아서 팔아올게' 이렇게 얘기하시는 분들은 정말 많았거든요? 그런데 이분들은 달랐어요.

가진 돈이 얼마인데, 대출은 이만큼 받을 계획이고, 중도금, 잔금은 언제 어떻게 내겠다. 깎아주면 본인들이 최선을 다해서 일정에 맞춰보겠다고요.

최근에 손님들이 집을 진짜 많이 보고 가셨어요. 다들 간만 보고, 얼마까지 깎아줄 수 있는지 물어만 봤죠. 근데 이분들은 가격을 딱 제시했어요. 그 많은 손님들 중에 가격을 말한 분은 처음이었어요. 간절하셨는지, 감정에 호소하셨죠. 디테일한 계획에 감성까지 건드리니까 집주인 마음이 움직이더라구요."

그 집엔 주인이 따로 있었다. 명확하게 목표를 정하고 행동하고 노력한 사람에게 물건이 가는 게 맞았다. 간만 보고, 혼자 애만 탔던 나는 자격이 없었다.

마지막 남은 물건이 팔리고, 이제 목표 아파트의 매물은 0이었다.
0개.
품절. SOLD OUT.

사장님에게 매물 나오면 꼭 연락 달라고 몇 번씩이나 부탁했다.
배워야지. 그래서 다음 매물은 놓치지 말아야지 다짐했다.

| * | * | * | * | * |

한동안 시장은 잠잠했다. 마땅한 매물도 없었다. 그사이 내 선택지는 점점 줄어 아래로 내려왔다. 자꾸만 한 달 전 실거래와 호가가 눈에 어른거렸다. 최상급지의 거래 내용이 톡방에 돌았다.

받) 압구정현대 신고가 거래 완료.

'그사세'구나, 정말….

그러던 중 강남 부동산에서 전화가 왔다.

"사장님~ 매물 하나 나왔는데 직전 거래보다 3억이 비싸네요. 이건 좀 그렇죠? 매물 나오면 알려달라고 하셔서… 혹시 몰라서 연락드렸어요."

3억이요…?

3억이 올랐다구요? 1억도 아니고 3억이요…?

우리 부부는 그야말로 '멘붕'을 경험했다.

"호가 3억이 올랐네. 미쳤다."

— 어케 그러지. 여보 잠깐 울어도 되나? 진짜 내 문제지…. 결단했을 때 파바박 치고 나갈 추진력 없는 내 문제지. 진짜 울고 싶네…. 하…. 이번 갈아타기 이렇게 실패인가.

"파크리오 헬리오 1억 비싼 거라도 전화해 볼까?"

— 그래, 그럼…. 전화로 네고 한번 요청해 볼까? 우리 사정 절절하게 얘기해서…. 아, 근데 이게 아니지. 매도가 문제지, 매도가.

강남의 호가가 3억이 오르자, 1억 오른 헬리오와 파크리오가 갑자기 싸게 느껴졌다. 눈여겨보던 파크리오의 매물을 문의했다. 하지만 결과는.

"C동 고층 매물 보류하신답니다."
"B동 중층도 보류입니다."

연달아 오는 파크리오 부동산 사장님의 문자. 상승의 불길은 내 마음보다 빨리 번졌다. 그걸 지켜보는 내 마음은 까맣게 타들어가 재가 되었다.

시험이라면 날짜가 픽스된 거라 그냥 맞춰서 공부하면 되는데, 갈아타기는 의지 하나로 끌고 가야 하는 일이라서 될 때까지 추진하고 실행하는 데 엄청난 끈기가 필요하네…. 사회는 냉정하고 우리 사정 봐주지 않는구나….

아내는 매일 저녁 혼자서 다람이를 보고, 퇴근 후에 집을 보러 온다는 손님들 때문에 집을 정리했다. 나는 하루에도 20통이 넘는 전화를 하고 매일 3만 보를 걸었다. 각자의 자리에서 치열한 전투를 했지만 집은 팔리지 않고, 매물은 사라지고, 호가는 3억이 올랐다. 더 지치기 전에 빨리 이 갈아타기를 끝내야 한다는 압박감이 우리 부부를 짓눌렀다. 이렇게 가만히 있을 수는 없었다.

🏠 대치대디의 부동산 오답노트

✓ 가격 협상하는 법

1. 원하는 정확한 가격을 제시한다(터무니없으면 안 됨).
2. 자신의 자금 상황을 오픈한다.
3. 매수 계획을 디테일하게 세워서 제시한다.
4. 집을 칭찬한다.
5. 감정에 호소한다.

※주의: 상승장에는 불가능. 하락장에만 가능하다.
  갈아타기를 하락장에 해야 하는 이유다.

제15장

사교육 세대의 재테크

"역시 부동산도 학원이 있었어."

 누군가 나를 이끌어줬으면 좋겠다고 생각했다. 우리는 그런 세대였다. 수능을 잘 보려고 학원에 다녔고, 대학에 가서는 토익 900점을 넘기기 위해 영어 학원에 등록했고, 취업을 앞두고는 면접 학원에 앉아 있었고, 공무원 시험을 준비하려 노량진 고시학원 계단을 오르내렸다. 누군가가 가르쳐 주는 커리큘럼 안에서 살아왔다. 그런 우리 부부는, 갈아타기조차 누군가 알려줬으면 좋겠다고 생각했다. 사교육 세대의 한계였다.

받) 파크리오 국평 1억 상승 거래 완료.

카톡 오픈채팅방에선 확인되지 않은 정보들이 넘쳤다. 이렇게 더 격차가 벌어지는 건가. 나만 뒤처지는 건가. 내년이면 벌써 마흔인데 어쩌지. FOMO*였다.

그런 와중에 아내 친구의 지인이 몇 번의 갈아타기로 대치동에 입성하며 자산을 키운 부동산 고수라는 말을 들었다. 고액 과외 선생님을 만난 수포자의 심정으로 열두 개의 매수 후보 리스트를 보냈다. "대치 지금 가요, 마요?" 묻자 부동산 과외 선생님에게서 온 답변.

자, 학생.
지금 대치랑 잠실, 갭투자 안 되는 거 알죠? 왜? 토지거래허가제. 밑줄 쫙. 근데 이건 꼭 알아야 돼. '규제는 언젠가 풀린다.'
시간문제다, 이거야. 2025년에 끝나게 된다. 그럼 어떻게 되겠어요. 눌린 스프링은 튀게 된다. 튀기 전에 잡아야지. 이건 그냥 외워.

많은 분들이 대치동을 오해하는 게 있어요.
"맞벌이인데 애 케어 될까요?"

★ 'Fear of Missing Out'의 줄임말. 뒤처지는 것에 대한 불안감을 의미한다.

됩니다. 왜? 초등 저학년 학원은 한티역에 다 있지. 학원 다 도보권. 등·하원 스트레스 '제로'.
여학교요? 숙명, 진선 둘 다 '갓반고'. 내신 따긴 좀 어려워.

그런데 주목, 핵심 갑니다.
요즘 트렌드 뭐다? "대치동 일찍 들어온다."
일단 와서 애 보고 결정해요. 고등 전에 탈대치 할지, 쭉 갈지.
근데 안 들어오면? 선택권 없다~
그리고 여자애들은 무리 진짜 빨리 형성돼요. 초등학교 저학년이면 그룹 이미 짜여 있어. 거기 어떻게 들어갈 건데.

자, 여기서 질문.
그럼 언제 들어가야 된다?
지금이다. 기회는 지금입니다.

그 말을 듣자, 이번에 반드시 갈아타려는 결심은 확신으로 굳어졌다. 선생님한테 숙제를 확인받은 듯한 학생처럼. 인터넷으로 관심 아파트들의 정보를 찾았다.

- 부동산 고득점 합격 특강 -
7세 고시? 우린 37세 고시 보러 간다!
기출 분석부터 부동산 딥지까지 다 찍어주는 마지막 기회!

― 오, 이런 게 있구나. 역시 부동산도 학원이 있었어.

그때 온라인에서 부동산 세미나를 발견했다. 유료였지만 망설임 없이 결제 버튼을 눌렀다. 학원이 필요했다. 나이가 들수록 새로운 숙제가 생기는데, 그걸 어떻게 푸는지 배우지 못했기 때문이다. 삼십 대 후반 가장의 국영수는 육아, 회사 생활, 재테크였다. 빵점은 절대로 안 되지. 50점도 안 돼. 최소한 80점은 맞아야 한다. 지금 필요한 건 부동산 사교육이었다.

친구와 함께 부동산 세미나, 아니 부동산 단과 특강 수업에 참석했다. 중개소장님들이 직접 나와 지금의 부동산 시장 분위기와 주요 단지들의 흐름을 짚어줬다.

"자, 오늘 수업은 대치동 근방 아파트 총정리. 쉬는 시간 없이 4시간 연강이니까 화장실 미리 다녀오시고."

오랜만에 교실에 앉아 칠판을 보며 필기를 했다. 열심히 뭔가를 하고 있다는 기분이 들자 마음도 편안해졌다. 중학교 때 엄마가 보낸 학원은 마냥 졸리기만 했다. 손주은 선생님의 분필이 이마로 날아들었다.

"야, 이 새끼야. 졸지 말고 집에 가."

하지만 내 돈으로, 내 의지로 수강한 학원 수업은 전혀 지루하지 않았다. 이것이 바로 자기주도 학습인가? 사십 대가

다 되어서야 자기주도 학습을 깨달았다. 강의가 끝나고, 자연스레 뒤풀이 자리가 이어졌다. 그때까진 몰랐다. 뒤풀이 시간이, 진짜 수업이라는 걸.

|*|*|*|*|*|

2003년, 대학교 신입생 OT 때였다. 동기들이 몰리는 자리는 정해져 있었다. 예쁘고 잘생긴 선배 옆. 그 주변 테이블은 언제나 치열했다. 내 자리는 늘 스포트라이트 반대쪽, 조명이 닿지 않는 어두운 구석 테이블이었다.

부동산 특강의 뒤풀이 자리도 그날 OT와 비슷했다. 눈치 빠르고 행동력 있는 사람들은 운영진과 부동산 사장님들 옆에 재빠르게 자리를 잡았다. 낯가리고 있을 때가 아니었다.
구석 테이블에 앉을 수밖에 없었다. 그곳엔 '저 부린이에요'라는 표정을 한 30대 두 명, 그리고 50대 중년 남성이 앉아 있었다. 어색한 인사를 주고받고 나니 곧 정적. 나까지 포함해 30대 셋에 둘러싸인 아저씨는 망했다는 표정이었다. 괜히 미안했다. 자기소개가 이어졌다.

50대로 보이는 아저씨는 말이 없었다. 아무래도 10살 이상 차이 나는 사람들과 있다 보니 수준이 맞지 않다고 느끼는 것 같았다. 입장을 바꿔서 20대와 같이 앉아 있다고 생각하니 이해가 됐다.

어색한 분위기를 풀기 위해, 집이 안 팔리고 부동산 사장님들에게 끌려다니고 상급지는 계속 오르고 답답하다는 얘기를 했다. 모두가 공감하며 부동산 고민 상담을 시작했다.

그렇게 부동산 모태솔로들끼리 "아직 선톡 보내지 마라, 세 번째 만남에는 고백을 해라"는 둥 한참 동안 서로의 연애… 아니, 부동산 고민을 코칭했다.

조용히 앉아 있던 50대 아저씨도 입을 열었다. 외동아들이 중1인데, 전교 1등에 반장이고, 영재학교를 고민하다가 의사가 되고 싶다는 아들의 말에 대치동 진입을 결심했다 했다.

"이부진도 아들 휘문중 보내길래요."

그 한 문장에 모든 이유가 담겨 있었다. 역시 자식은 부모를 움직이게 만드는 원동력이었다. 우리가 전혀 도움이 되지 않는다고 판단한 50대 아저씨는 자리에서 일어났다. 그때 다른 쪽 테이블에서 우리 얘기를 듣던 여자분이 내 앞에 앉았다. 이미 잠실로 갈아타기를 끝낸 선배님이었다.

"어이 모솔. 급매로 넘겨. 원하는 가격에 언젠가는 팔리겠지. 근데 그때 잠실은 얼마일까? 부동산 40군데 내놔."

인연을 만나려면 소개팅을 40번 하라고?

무슨 조언이 그래?

누가 그걸 모르나?

📍 대치대디의 부동산 오답노트

✅ 최근 부동산 시장 트렌드

최근 80~90년생이 부동산 매수 주체가 되며 SNS 발달로 재테크 시작 시기가 빨라졌다. 최근 부동산 시장의 특징은 다음과 같다.

1. 변화의 속도가 빠름
유료 시황방, 오픈 톡방, 기타 다양한 루트를 통해 정보를 빨리 얻는다.

2. 각 지역 대장 아파트 쏠림
검증된 선택지에 거래가 몰리며 지역 내에서도 갭이 벌어진다.

3. 유튜브 등으로 정보가 넘침
공포와 환희가 과장된다. 호재와 악재에 모두 거품이 낀다.

그럴 때일수록 투자 대가 워런 버핏의 명언을 떠올리자.
"남들이 욕심을 낼 때 두려워하고,
남들이 두려워할 때 욕심을 내야 한다."

제16장

한 번의 갈아타기에는
온 가족이 필요하다

**"그거 사면
호구되는 거예요."**

뒤풀이까지 참석하고 돌아온 집에는 동생 가족이 와 있었다. 동생에게 부동산 강의 후기를 풀었다. 잠실로 갈아탄 선배가 있는데 40군데에 내놓으라더라, 그러면 동네 매물 되는 거 아닌가 하는 고민을 털어놓았다.

― 지금 집 두 군데에 내놨거든. 근데 생각만큼 열심히 해주지도 않으시고 손님도 없네….
"내가 매수자인 척 전화해 볼까? 나도 고덕 관심 많은데."
― 오, 그거 정말 좋은 생각이다! 그럼 전화해서 우리 집 관심 있다고 하면서 물어봐 줘!
"말 나온 김에 지금 하지, 뭐."

뚜루루루.

"여보세요~ 네고는 화끈하게! 거래는 냉철하게! 상여자 부동산입니다~"

휴대폰에 귀를 기울였다.

"사장님, 안녕하세요. 저 고덕 아파트 매매 관심 있어서 그러는데 요즘 상황 어때요?"

"요즘 호가가 많이 올랐어요. 살 만한 물건은 다 팔렸고…. RR 매물이 하나 있는데 이걸 제일 추천해요. 그다음은 20평대긴 한데 대장 아파트 물건이 있어요. 이 두 개 나갈 차례에요."

"저층 물건 하나 있던데 이건 어때요?"

우리 집이다. 사장님이 뭐라고 하실까…. 귀를 기울였다.

"아 그거요? 사지 마, 사지 마. 막말로 그거 사면 호구 되는 거예요. 로얄동도 아니고 층도 낮고 가격도 비싸요. 돈 더 보태서 방금 말씀드린 물건 사는 게 나아요. 그리고 그 집주인 분이 갈아타시려는 분이라 그 집을 싸게 팔면 예산이 부족해서 아마 네고도 어려울 거예요. 다른 물건들은 제가 천만 원이라도 빼볼게요."

팩트 폭격이었다.

"아유~ 저층 매력 있어~!"
난 몰랐다. 예의상 했던 말을 그대로 믿었다.

"야, 광수는 키 186인데 넌 172잖아. 거울 봐봐. 광수보다 못생겼잖아. 광수는 너보다 몸도 좋고 연봉도 1억이 넘는데? 어떤 호구가 널 만나냐?"
하지만 아무리 맞는 말이라고 해도 저 말을 대놓고 들으면 기분부터 상한다. 심지어 내 물건을 사면 호구라니! 스피커폰의 통화를 들으며 화가 올라왔다. 그때 상여자 사장님의 말이 이어졌다.

"그 저층 집은 구조만 한번 보여줄게요."
뭐라고…?
"다른 집들은 세입자 있어서 집 보기가 어려워요. 괜찮죠?"

우리 집은 팔려는 집이 아니라, '보여주는 집'이었다.

보여주는 집, 혹은 구경하는 집. 구조를 확인하기 위해 보기만 하는 용도의 집이다. 진짜 목적은 다른 매물이다. 손님은 말 그대로 이 집을 '참고'만 한다. 다른 집을 팔기 위해, 모델하우스로 쓰인다.

잠실의 모 아파트에 임장을 갔을 때가 떠올랐다. 그날 중개인도 비슷한 말을 했다.

"이 집은 추천은 좀 그렇고, 구조가 똑같으니까 참고만 하세요."

환하게 웃으며 우리를 맞아주던 집주인. 우리에게 좋은 인상을 주고 싶어서 거실도 치우고, 식탁도 정리하고, 아마 창문도 몇 번 닦았을 것이다. 그를 보며 느꼈던 안쓰러운 감정이, 상여자 사장님의 목소리를 듣는 나를 향했다. 안쓰러움은 배신감으로 바뀌었다.

그제야 정신이 들었다. 지금은 자존심을 부릴 때가 아니었다. 부동산을 골라서 맡길 처지가 아니었다. 휴대폰을 들었다. 그동안 다녀간 부동산 중 가장 적극적이고 친절했던 사장님들에게 다시 연락했다. 매물을 등록한 부동산은 둘에서 다섯으로 늘었다.

"여보, 지금 그럴 때가 아닌 거 같은데…. 동네 부동산 다 뿌려야 하지 않아?"
그럴까…. 그, 그럼… 그 전에….
나무를 더 심자!

제17장

0330_새집 추가_
정원 뷰_진짜 최종

**"나는 찰랑거리고 하찮은
회초리 7개를 산 거였다."**

비가 억수같이 쏟아지던 날이었다. 거실 창 너머로 보이던, 내가 처음 심은 에메랄드 그린 두 그루 중 한 그루가 기우뚱하더니 고꾸라졌다.

유튜브에서 본 대로 심었고, 흙도 잘 다졌다고 생각했는데 초보의 식재는 어설펐다. 뿌리가 아직 자리를 못 잡은 탓이었다. 쓰러진 나무를 다시 심는 김에 추가로 나무를 심기로 마음먹었다.

'울타리 나무 추천'을 검색하자 나무들이 주르륵 떴다. 에메랄드 그린, 사철나무, 쥐똥나무.

그런데 쥐똥나무는 한 그루에 1200원? 왜 이렇게 싸지? 할인율 -81%? 어머, 이건 사야 해. 진즉 이걸로 살걸…. 괜히 처음부터 비싼 걸 샀네. 높이도 1미터 20센티니까 크네? 좋아. 통 크게 플렉스 한번 해보자. 7그루 8,400원 추가 식재 가보자고.

7그루 구매 완료.

[이틀 후]

롸?

박스를 열자마자 눈을 의심했다. 배송된 물건은 나무라고 부를 수 있는 것들이 아니었다. 회초리였다. 누가 봐도 회초리였다. 잎도 없고, 줄기만 쓸데없이 길고 가느다란, 찰랑거리는 마른 막대기들. 나는 찰랑거리고 하찮은 회초리 7개를 산 거였다. 고등어를 샀는데, 멸치볶음용 작은 멸치 7마리가 온 느낌이랄까. 진짜 쥐가 똥을 길게 싼 걸 말려놓은 건가? 그래서 쥐똥나무인가?

이건 심어도 티도 안 나겠네…. 어쩐지 싸더라니…. 그래도 심자…. 아까우니까….

회초리 7마리…. 아니 7자루와 괭이, 페트병을 들고 새벽에 밖으로 나섰다. 마음속에선 '이게 뭐 하는 짓이지…' 백 번쯤 되뇌었지만, 내 몸은 이미 땅을 파고 있었다.

훗차!!!!!
괭이를 땅에 꽂으며 화풀이를 했다.

깡!!!!!
하지만 아픈 건 내 손바닥이었고.

그렇게 쓰러진 에메랄드 그린을 다시 심고, 쥐똥 회초리 7형제도 함께 줄세웠다. 2번째 나무 식재 완료.

그런데… 나무를 기껏 심었는데 무슨… 왕 점에 털 난 거 같은 모습. 심은 티가 전혀 나지 않았다. 8,400원 쓴 게 아까워서 안 버리고 이걸 굳이 또 심겠다고 와서 또 괭이질 한 게 레전드네…. 하. 바람이 불 때마다 회초리가 찰랑거리며 흔들렸다. 왠지 모르게 약 올리는 것 같았다.

"멍청아, 나무 심는다고 집이 팔리냐?"

오기가 생겼다. 이쯤 되면 집을 팔기 위해서 나무를 심는 게 아니었다. 나는 이제 나무를 심기 위해 집을 내놓은 사람이었다. 후기를 쓰기 위해 갈아타기를 하는 사람이었다.

다른 나무를 주문하자. 3번째 나무, 사철나무. 망설임 없이 10그루를 주문했다. 한 번에 10그루 사버려, 그냥! 이번에 진짜 끝내자! 며칠 뒤 사철나무들이 박스에 담겨 배송 왔다. 크기 1.5미터 이상, 촘촘하고 빽빽하고 풍성한 연둣빛 잎, 튼튼하고 두껍게 뻗은 줄기. 딱 내가 원하던 그 이미지였다.

와, 드디어! 진즉 사철나무로 살 걸, 아오….

나는 또다시 새벽 6시에 일어나요. 벌써 3번째예요. 왜냐면 집을 팔아야 하니까요.

괭이는 왼손에, 오른손엔 나무를 들고 양쪽 겨드랑이에는 물통을 껴요. 이번엔 잊지 않고 목장갑도 챙깁니다. 다이소에서 흙도 샀죠. 큰맘 먹고 나무 영양제까지 챙겼구요.

나무 심으면 집 팔려. 팔린다니까? 신싸로….

이제는 헛웃음도 나오지 않아. 이건 나의 운명이니까….

아무도 나를 막을 수 없다…. 여보도 못 막아…. 장인어른도 날 못 막지….

3번째 나무 식재 완료.

그런데 그즈음 다람이가 유치원에서 새집을 만들어 왔다.

"아빠! 나 오늘 새집 만들었다~!"

어? 새집? 새…집…?

나는 다람이 손에 들린 새집을 가만히 바라봤다. 고덕은 숲세권이라 그런지 다양한 동물이 출몰했다. 족제비도 한번 봤고, 너구리도 봤고, 평소에도 다양한 종류의 새들이 찾아왔다. 그래서 혹시나 하는 마음에 아이 방 앞의 가장 큰 나무에도 새집을 걸었다. 그 안에는 예쁜 새들이 찾아올 수 있게 쌀을 넣고 최종 정원 뷰를 완성했다.

진짜 진짜 이제 마지막.

0304_나무 식재_1차

0315_나무 식재_2차_v2

0327_나무 식재_3차_최종

0328_나무 식재_새집 추가_최종

0330_새집 추가_정원 뷰_진짜 최종

새집 아이템까지 더하자 드디어 완성된 우리 집의 뷰. 심지어 새집에는 진짜로 새들이 찾아오기도 했다. 와, 새들까지 도와주네. 우주의 기운이 모인다. 다 죽었다, 진짜. 이 정도면 저층 중에서는 우리 집 뷰가 최고다. 그래서 생각해 낸 동심 공략 새집 작전.

— 어린아이가 오면 새집 어필하자.

내 바람이 전해진 걸까? 어린아이가 있는 손님만을 기다리던 어느 주말, 장영란 사장님에게서 손님을 데려오겠다는 전화가 왔다.

"사장님, 여기 어린 여자아이 있는 집인데, 토요일 10시에 집 보러 갈게요."

아… 5살 여자아이가 온다구요?

제18장

나 이 집에서 살래

"저기 새집에 또 새 놀러 왔어!"

하늘이 준 기회였다. 어느 때보다 신경 써서 집안을 정리했다. 창문은 말끔히 닦아놨고, 시야를 가리던 방충망은 아예 빼버렸다. 햇살이 잘 들어오도록 커튼도 걷었다. 공기 중에는 은은한 포레스트 향 스프레이를 뿌려두었다. 새를 발견하고 활짝 웃는 5살 아이의 얼굴, 부동산 계약서를 쓰는 모습까지. 모든 장면이 머릿속에 그려졌다.

다람이의 도움이 필요했다. 아침부터 딸의 기분을 맞춰주며 컨디션을 끌어올렸다. 바로 이 한마디를 외치게 하기 위해서였다.

"아빠! 저기 새집에 또 새 놀러왔어!"

가장 좋아하는 티니핑 인형을 사주겠다고 약속하면서 이 대사를 연습시켰다. 다섯 살짜리 딸이라면 창밖에 새가 날아들기만 해도 기뻐할 게 분명했다. 진짜로 새가 오면 좋고, 안 오면 방금 날아갔다고 하면 된다. 어린 자녀의 마음을 사로잡을 수 있는 완벽한 맞춤 작전이었다.

목표: 5살 여자아이 마음 사로잡기
주연: 김다람
조연: 새집, 티니핑

그리고 대망의 약속 시간, 이제 멀뚱히 앉아 있을 수 있는 상황이 아니었다.
"저 앞을 보세요. (제가 심은) 나무가 풍성하죠? 관리도 잘 됐죠. 집주인이 살다 보니까 (온 가족이 하루 종일 청소한) 창문이 마치 아무것도 없는 듯 깨끗하죠?"

부동산 사장님 따라다니면서 설명이 부족한 부분은 계속 설명하고 장점을 어필했다. 조급해 보인다 해도 어쩔 수 없었다. 거실 정원 뷰를 보며 손님들이 예쁘다고 감탄을 했다. 손님 부부의 5살 딸 지안이도 아수 남에 느는지 이렇게 외쳤다.

"나 이 집 좋아!"

그 얘길 들으며 심장이 뛰었다. 다람아… 지금이야…. 지금 말해야 돼…. 지금… 제발 말 좀 해…. 다람아… 제발…. 아빠 말 안 들려? 제발….

하지만 다람이는 방에서 말이 없었다.
그렇게 연습을 시켰는데 왜 말을 안 하니…. 티니핑 사준다니까…. 파산핑, 아니 하츄핑이 너한테 이정도 존재밖에 안 되는 거였어?

반짝반짝 신비한 고덕숲
길을 잃어버린 환승핑
어떻게 집을 팔 수 있을까
빨리 만나보고 싶어 매수핑
에메랄드그린핑, 쥐똥핑, 사철핑
빛나는 강남을 보여줘 다람핑!
매도매도 핑! 캐치캐치 매도핑!

그때였다. 다람이가 방에서 외쳤다.
"아빠! 새집에 또 새 놀러왔어!"

그렇지! 그거야, 잘했어. 장하다, 우리 딸!
파산핑, 네가 날 살리는 날이 오는구나!

5살 지안이는 새를 찾아 달려갔다. 그리고 우리 모두의 눈이 닿은 그 나무엔, 정말로 새가 있었다. 믿을 수 없을 만큼 작고 귀여운 새 한 마리가, 새집 앞 나뭇가지에 내려앉아 날개를 파닥이고 있었다. 그건 기적이었다.

이게 된다고? 꿈을 꾸는 건가?
지안이는 부모를 향해 한껏 들뜬 목소리로 소리쳤다.
"나 이 집에서 살래!!!!!"

장영란 사장님, 지안이네 가족, 우리 가족은 모두 무장해제되며 웃음을 터뜨렸다. 집을 보여준 게 벌써 10번은 넘는 것 같은데, 그중에 이렇게 화기애애한 분위기는 없었다. 지안이 엄마 아빠도 웃으면서 말했다.
　　"그럴래 지안아~?"

　　됐다, 됐어! 이거야. 그렇지. 좋아! 타이밍 미쳤다! 와, 이거 무슨 소설 아닌가? 대박이네, 진짜! 지안이 부모님 들으셨죠?
　　— 아, 그럼 바로 계약하러 가실까요~? 하하하.

　　진심 같은 농담을 하며 너스레를 떨었다. 장영란 사장님도 "엄마 아빠한테 집에 가면서 잘 얘기해~"라고 말을 건네며 유독 좋았던 분위기의 손님맞이를 끝냈다.

　　"아빠! 나 잘했지!"
　　— 다람아! 잘했어! 우리 딸 최고!
　　우리 딸 최고다. 다람아, 너 진짜 최고야. 역시 우리 다람이, 이쁜 내 새끼! 아 맞다! 아까 그 새 어디 갔지? 기가 막히네, 진짜! 쌀까지 넣어놓은 나 칭찬해!

　　운명 같았다. 지안이가 우리 집에 산다면, 나도 기분 좋게 팔 수 있을 것 같았다. 나는 부동산을 통해 제안했다.

— 이번 주 안으로 결정하면 삼천만 원 깎아드릴게요.

그러나 돌아온 대답은 이것이었다.
"집이 정말 마음에 드는데, 저희도 갈아타려고 하는 중이라서요. 집 팔리면 바로 결정할게요."

갈아타기는 갈아타기를 낳고, 그 갈아타기가 또 다른 갈아타기로 이어지는 연쇄 갈아타기 시장이었다.

제19장

딸이 아무리 아파도

**"6살 딸보다, 그깟 자존심이 더 중요한 새끼.
한심한 새끼."**

지안아, 잘 지내니? 새가 찾아왔던 집 혹시 기억나니? 그 집 삼촌이야. 이제 7살이겠네. 다람이 언니는 초등학생이 됐어. 지안이도 새로운 곳으로 이사를 갔니? 어디서든 행복하고 건강하게 살렴. 우리 집을 좋아해 줘서 고맙다. 삼촌이 잊지 않을게.

그랬다. 결국 지안이네 집은 팔리지 않았다(나무를 안 심으셨나?).

당연히 예쁜 새가 놀러오는 우리 집을 살 수 없었다. 하나가 막히면, 모두가 막히는 갈아타기장. 나는 기대가 컸던 만큼 낙담했다.

나무를 세 번이나 심어도 안 되는구나. 새집을 달아도 안 되는구나. 타이밍 딱 맞춰서 새가 날아와도 안 되는구나. 도대체 다른 사람들은 어떻게 계약을 하는 거야? 도대체 매일 뜨는 이 실거래는 어떻게 이뤄지는 거야? 매일 봤던 실거래들이 기적 같은 일이었구나? 아니면 나만 이렇게 집을 못 팔고 있는 건가? 다른 사람들은 대체 어떻게 집을 파는 건지 너무 궁금했다.

대치동 부동산에서 연락이 왔다.
"대치아파트 B동 중층 매물 어제 약정서 들어갔어요."
나는 매도가 안 되는데, 사고 싶은 매물은 매도가 됐네…? 또 조급해졌다. 동네 부동산들에 전화를 돌렸다.
― 네이버 부동산에는 올리지 말고, 저희 고덕이 관심 있는 사람이 있으면 소개 좀 해주세요. 부탁 드릴게요….

어느덧 아홉 군데에 내놨지만 열 군데 이상은 내놓기 싫었던 나의 자존심, 그 자존심 때문에 매도가 되지 않는 줄도 몰랐다. 내 자존심 때문에 다람이를 다치게 할 줄도 몰랐다. 다람이가 힘들 줄 알았다면, 멈췄을까. 6살 딸보다, 그깟 자존심이 더 중요한 새끼. 한심한 새끼.

[6살 다람이 이야기]

아빠는 웃겨. 지금 우리 집 좋은데 자꾸 다른 곳으로 이사 갈 거래. 맨날 집을 사야 한다고 그러면서 찡그리다가, 내가 새집 만들어 왔더니 활짝 웃었어. 오랜만에 아빠가 웃으니까 좋았어.

아빠가 새집을 달아줬어. 그러면서 나한테 말했어. "진짜 새가 없어도, 왔다고 소리쳐 보자!" 그래서 "새 왔어요!" 하고 외치니까 진짜 새가 왔어! 내가 마법을 부렸나 봐! 사람들이 다 웃고 박수도 쳐줬어. 조금 부끄러웠지만 신나고 재밌었어!

근데 이상해. 새가 찾아오는 우리 집 팔고 또 이사 간대. 여기 온 지 얼마 안 된 거 같은데 왜 또 이사를 가? 이사 가면 또 새로운 유치원에 가야 되잖아. 여기 이사 올 때도 제일 친한 예원이랑 헤어져서 너무 슬펐단 말이야. 더 작은 집으로 가야 된대. 그럼 할아버지랑 숨바꼭질 할 때 어디에 숨어야 돼?

아빠는 티니핑 사준다고 말만 하고 부동산에 갔어. 엄마는 이사 가면 롯데월드 가자고 말만 해.

집 보러 가면 너무 심심하고 재미 없어. 보르는 아저씨

아줌마 계속 만나야 하고, 엄청 많이 걸어…. 다들 걸음이 빨라서 따라잡으려면 다리도 아프고 발도 아파….

화장실도 못 가서 맨날 참아야 돼. 응가 마렵다고 하기 창피해서 말을 못 했어. 어떤 집에 가서는 참고 참다가 도저히 못 참고 엄마한테 응가라고 말해버렸어.
그랬더니 엄마가 얼굴이 빨개지면서 그 집주인 아저씨한테 계속 죄송하다고 하면서 화장실 좀 쓰겠다고 말했어. 우리 엄마가 다른 사람한테 미안해 하는 거 싫어. 그래서 응가가 마려워도 그냥 참기로 했어.

"다람이 변비가 좀 심한 거 같아."
딸이 변비라는 말을 들었을 때, 상황의 심각성을 인지하지 못했다. 변비가 뭐 대수인가? 요구르트랑 채소 많이 먹으면 나아지는 거 아닌가. 심각성을 깨닫지 못하고, 그날도 퇴근길에 부동산을 들렀다. 늦게 집으로 들어가며 변비에 대해 검색했다.

맞벌이로 아이를 키우는 일이 쉽지 않다. 세상에 만만한 일은 없지만 우리 부부는 딸 하나도 버거울 때가 있다. 부모로서의 우리 경력은 벌써 6년차였지만, 6살 아이를 키우는 경력은 늘 신입이었고, 아이의 변비에 대처한 경험은 없었다.

아내에게 전화가 왔다. 아버지의 목소리가 휴대폰 너머에서 울렸다.
"너 빨리 와!"

제20장

아버지의 반대

"이사 갈 생각일랑 하지도 마!"

나의 아버지.

빨치산에 아버지를 잃었던 5살 꼬마는 30년 넘는 시간을 회사라는 전쟁터에서 버텨냈다. 생존이 먼저였던 시절을 지나, 이제는 더 이상 일터에 가지 않는 아버지의 하루는 온통 손녀 생각으로 가득 찼다.

손녀가 좋은 집에서 잘 크고 있는 모습을 보는 건, 오래전 연애하던 감정과 비슷했다. 아들과는 칼싸움만 했는데, 손녀는 손에 분홍색 꽃을 접어 쥐어줬다. 손녀를 만나러 고덕에 가는 길은 늘 설렜다. 고덕은 하나뿐인 손녀를 잘 보살펴 주는 고마운 곳이었다.

그런데 뭐라고? 우리 손녀가 변비 때문에 고생이라고? 안 되겠다. 얼른 변비에 좋다는 거 다 사서 당장 가야겠다. 택시를 타고 도착한 손녀의 집. 화장실에서는 다람이가 오열을 하고 있었다. 그놈의 변비 때문이었다.

지 딸이 이렇게 아픈데 어디 가서 뭐 하는 거야?

다람이 얼굴은 벌게진 단계를 넘어 새하얗게 변하고 있었다. 고사리 같은 손이 바들바들 떨렸다.

집을 보러 다닌다고? 대치동? 강남구? 대치동을 휴대폰에 검색했다. 화면엔 '7세 고시'라는 단어가 빼곡히 들어찬 기사들이 줄줄이 떴다. 그놈의 강남, 그놈의 부동산…. 현관문을 열고 들어오는 아들의 얼굴을 보자마자 저절로 차오르는 화를 막을 수 없었다.

"너 무슨 생각이냐? 애가 이렇게 아픈데 다람이보다 중요한 게 있냐? 대치동? 너는 니도 안 한 공부를 시키려고 그러냐! 다람이 일찍부터 시험 치게 하지 말어!

요즘 부동산 경기도 안 좋아. 강남 가는 게 쉬운 게 아니야. 다람이 이제 겨우 적응해서 잘 크고 있는데 굳이 지금 옮긴다고?"

아버지의 호통이 쏟아졌다. 이렇게 혼났던 것이 언제였더라? 낭황한 채로 이유를 늘어놓기 시작했나. 나람이를 위해서 시작한 일이고, 초등학교 가기 전이 아니면 기회는 많이 늦어질 거라고 생각하고, 믿어주시면 해내겠다고, 그리고 무엇보다 다람이를 최우선으로 두겠다고, 당분간 부동산 다니는 건 쉬겠다고. 하지만 말은 통하지 않았다.

"너, 내일 당장 부동산 매물 내려! 이사 갈 생각일랑 하지도 마!"

최종 통보만 남기고 사라지신 아버지. 나는 아버지를 이해했다. 그리고 가장 필요한 질문을 스스로에게 해야 했다. 이걸 왜 하고 있는지.

저금리로 큰 원리금 부담 없이 잘 갚으면서 하고 싶은 거 웬만큼 하고 살고 있는데, 난 소득도 높지 않은 평범한 직장인인데, 굳이 강남에 왜?

온갖 전문직들은 거기에 모여 있을 텐데, 적응할 수 있을까. 강동도 나쁘지 않은 곳인데, 여기도 살기 정말 좋은 곳인데. 이 정도면 성공한 삶이라고 할 수 있지 않나?

— 이거 정말 딸 위해서 하려는 거 맞아? 그냥 네가 강남 집 사고 싶은 거 아냐?

스스로에게 이렇게 물었다. 또 다른 속마음이 말했다.

― 네 욕심 채우려고 아무것도 모르는 딸 아프게 하고 있잖아. 포기하자, 그냥. 포기해. 넌 최선을 다했어.

사무실에서 상사 눈치 보면서 부동산 전화 받고, 점심에 어디 가냐고 매일 물어보는 상사 피해서 회사 사람들 없는 곳 찾아서 부동산 전화 돌리고, 부동산 사장님은 나한테 화를 내고, 딸은 변비로 아프고, 아버지는 반대를 했다.

피하고 싶었다. 안주하고 싶었다. 늘 그랬듯이. 여기서 그만둬도 그 누구도 뭐라 하지 않을 거다. 게다가 대출을 일으켜서 내는 원리금, 양도세, 인테리어비 등 각종 비용 아껴서 여행도 가고, 다람이랑 더 많은 시간을 보내면 되지 않나? 그만두고 싶었다. 하지만….

포기하지 마.
핑계 대지 마.
지금 포기했다가 나중에 그때 갈 걸 후회하면 어쩌려고? 그때 너처럼 전학시킬 거야? 초등 전에 학원가에 자리 잡아. 지금 말고 기회는 없어. 안 그러면 12년 동안 꼼짝 못 한다.

힘든 상황에 마침 아버지가 반대하시니까 그만두고 싶은 거다. 가족 핑계 대지 말자.

딸에게 주고 싶었던 건 '이제 이사가지 않아도 되는구나,

여기가 앞으로 내가 살 동네구나' 하는 마음의 안정이었다. 그렇다면 우리 가족이 더 이상 옮기지 않아도 되는 곳으로 가야 했다. 그게 나에게는 강남이었다. 나는 내 의지로 결정했다. 포기하지 않겠다고. 이번에 반드시 해내겠다고. 모든 책임은 내가 진다고.

이후 한동안은 딸의 치료에만 집중했다. 키위, 푸룬 주스, 파프리카, 유산균까지 온갖 방법을 동원하다가, 결국엔 아산 병원까지 다녀왔다. 아산 병원에 가면서도 그 옆의 파크리오가 자꾸 보였지만, 바들바들 떨리던 딸의 고사리손을 떠올리며 애서 외면했다. 몇 주간 치료에 집중한 덕에 다행히 다람이의 변비 증상은 나아졌다. 혹시라도 증상이 나빠지지 않게, 아내는 육아에 집중하기로 했다. 자연스럽게 역할이 나뉘었다. 갈아타기는 이제 온전히 내 몫이 됐다. 무거운 책임감을 느끼며 다시 임장을 떠났다.

나의 목적지 강남으로.

제21장

부상 투혼

**"운이 좋지 않다면
통풍일 수도 있겠습니다."**

나는 매일 걸었다. 점심에는 회사 사람들 눈에 띄지 않는 곳으로 걸었다. 부동산에 전화를 돌려야 했으니까. 퇴근 후에는 매물 내놓으러 다니느라 걸었다. 미사, 천호, 명일, 고덕.

임장 역시 퇴근 후였다. 주말은 그야말로 걷기 마라톤이었다. 대치, 도곡, 역삼, 개포, 잠실, 반포, 잠원. 아내가 집을 보여주고 육아를 맡는 동안 나는 아침부터 저녁까지 부동산을 다녔다. 계속 걸었다.

힘들어도 걸었다. 비가 와도, 미세먼지가 심해도 걸었다. 오히려 날씨가 궂은 날은 더 좋았다. 혼자 걸으며, 혼자 밥을 먹으며 생각했다.

― 이런 날에 부동산에 가는 사람은 나밖에 없지.

그러던 어느 날, 왼쪽 발이 부어올랐다. 조금 무리를 했나 싶어서 일찍 잠을 청했지만 도통 잠이 오지 않았다. 발목에 심장 하나가 더 달린 것처럼 욱신거렸다. 평소보다 갑자기 늘어난 걸음 수에 내 몸이 보낸 경고였다.

병원에 갔다.
"넘어지셨는지?"
— 아니요.
"그럼 최근에 격한 운동을?"
— 아니요.

"허허…. 이거 하필이면 인대가 영 좋지 않게 부었어요. 피검사 한번 해봅시다. 운이 좋지 않다면 통풍일 수도 있겠습니다. 이런 경우는 통풍일 확률이 높아서, 만약 통풍이라면 선생은 앞으로 임장을 갈 수가 없습니다. 다시 말해서…. 강남 갈아타기를 할 수 없다는 것이오."

뭐라고, 인대가 많이 부었다고? 아니 그보다도, 조금 전에 뭐라고 했나. 날 보고… 통풍 환자가 될 수도 있다구? 강남 갈아타기를 할 수 없다는… 그런… 말인가? 통풍이라니…. 아니, 내가 통풍 때문에 강남에 못 간다니!

"결과는 며칠 기다려봐야 해요. 그냥 푹 쉬세요. 게다가 이 와중에 강남 타령… 강남병까지 온 것 같군. 혹시 어제 저녁 뭐 드셨죠?"

— 강남콩밥 3그릇이요.

"트럼프 고향은?"

— 강남 휘문고 출신이죠.

"대마도는?"

— 강남구 동남쪽 GBC 따라 이백 리.

"중증이군. 강남에 등기 쳐야 낫겠소. 하지만 임장은 발목에 해로우니까, 일단 푹 쉬시오."

뭐요? 이보시오, 이보시오! 의사 양반! 아유우우우….

이게 무슨 소리야! 에잇, 통풍이라니! 내가, 내가 강남병이라니! 내가, 아… 아… 안 돼…. 말도 안 돼…. 갈아타기하려고 맨날 강남을 돌아다닌 것뿐인데…. 이 유리몸 같으니…. 이건 말도 안 돼…. 말도 안 된다고…. 허허허허….

푹 쉬라는 의사의 말에, 주말은 집에서 쉬어야겠다고 다짐하며 집으로 왔다. 집에 돌아와 아내에게 발목을 내보이며 한숨을 쉬었다. 설마 아니겠지…. 아닐 거야…. 제발 통풍만은 아니길 바랐다.

제22장

다람이 엄마, 워킹맘 이수연

"나만 애 키워? 나 일하는 거 몰라?"

2008년, 군 복무를 마치고 복학했다. 친구의 소개로 같은 학교에 다니는 여자를 만났다. 도서관 옥상에서 우리는 좋아하는 음악과 라디오와 책을 얘기하며, 밤하늘을 함께 올려다봤다. 졸업을 하고, 취업을 했다. 그러는 사이 6년이 흘렀다. 나는 그녀에게 편지를 읽으며 청혼했다.

　　　　수연아, 내게는 가장 편하고 포근한 사람.

대학생이었던 이수연은 이제 여섯 살 딸을 둔 엄마가 되었다. 자식이 인생의 중심이 된 지금, 가족들은 그녀를 다람이 엄마라고 부른다.

"다람이 또 어제부터 계속 배 아프대. 오늘은 그 유명한 소아과에 데려가 보자. 미리 가서 접수 좀 해놔."

퇴근 후에도 쉴 틈 없이 육아를 담당하는 아내의 신경은 온통 다람이였다. 어쩌면 우린 서로가 너무 편해져 버린 건 아닐까. 통풍일지도 모른다고 말한 걸 벌써 잊은 걸까. 부어서 신발에 제대로 들어가지 않는 발을 슬리퍼에 밀어넣고 집을 나섰다. 병원에 들어서자 길게 늘어선 줄이 나를 맞았다. 절뚝이며 걸어가는 사이 내 앞으로 5명이 앞질러 갔다.

아픈 발로 한 시간 줄을 섰다.

"접수했어?"
― 응.

접수를 마치고 다시 집으로 돌아가는 길은 유독 멀게 느껴졌다. 발목을 끌며 가는 내 모습이, 강남이라는 곳에 가겠다고 뭣도 모르고 덤볐다가 절뚝거리며 돌아가는 모양과 다르지 않았다.

"왜 이렇게 오래 걸려?"
집에 도착하자 짜증 섞인 목소리로 나를 맞는 아내.

> 만약에 결혼을 하게 된다면 너와 할 거야, 라고
> 말했던 거 기억나지.

─ 나 발목 부은 거 까먹었어?

나도 짜증스럽게 말을 뱉었다. 아내는 잠깐 멈칫하더니, 어이없다는 듯 한숨을 쉬었다.

"그걸 왜 이제 와서 말해? 말해야 알지. 왜 실컷 갔다 와서 짜증을 내?"

─ 뭐? 여보가 가라며? 그럼 다람이 병원 평일에 데려가지 그랬어?

"나 혼자 다람이 다 보는데, 병원까지 데려가라고? 나 일하는 거 몰라? 나만 애 키워?"

─ 나는 놀았어? 나도 다람이 강남에서 키워보겠다고 맨날 부동산 들렀다가 오잖아.

누군가는 교사를 만나고, 누군가는 공무원을 만나.
그리고 키는 몇인지, 집은 어디인지를 말해.

"다람이 핑계 대지 마, 그냥 박 팀장 이겨보려고 강남에 집 갖고 싶은 거 아냐?"

사람들이 성공이라 이르는 것들에서만
우리 행복을 찾지 말자.

"강남 가서 성공했다고 말하고 싶은 거 아니냐고! 다람이는 아프고, 나도 힘들어 죽겠어!"

나와 똑같이 닮아 있을 너의 미소가,
너의 웃음이 많이 기대가 돼.
앞으로도 우리는 잘 지내자.

"당신만 힘들지? 나는 뭐 애랑 놀기나 한 줄 알았나 보네."

우리만 손에 쥘 수 있는 소중한 것들은
절대로 놓치지 말고 재미나게 살자.

"나는 어제도 제대로 못 잤어. 다람이 배 아파서 새벽에 깬 거 모르지? 여보 다리 아파서 잠 못잤다고? 코 골면서 잘만 자던데? 부동산도 애 보기 싫어서 도망가는 거 아냐?"

뜨끔했다. 그래. 어쩌면 나 좋자고 하는 짓인지도 몰라. 다람이가 자고 있어서 다행이었다. 아니, 어쩌면 다람이는 자는 척하는 걸지도 몰랐다. 내가 어렸을 때 안방에서 싸우는 엄마 아빠의 대화를 들으며 그랬던 것처럼 말이다. 아내는 다람이를 깨워 씻기고, 옷을 입히고 혼자서 소아과로 향했다.

언제나 그랬듯
서로의 눈을 보고 환하게 웃자.

욱신거리는 발목을 붙잡고 덩그러니 남아, 멀어지는 아내의 어깨를 바라봤다. 프로포즈할 때 무릎을 꿇고 바라봤던 여자의 어깨는 점점 멀어지고 있었다. 함께 웃던 주말은 점점 흐릿해지고 있었다. 이렇게 싸우면서까지, 우리는 대체 뭘 위해서 이러고 있는 걸까.

제23장

재건축으로
퀀텀 점프!

**"재건축은 한번에 몇 억씩 뛰어요.
지금이 기회야."**

    냉전은 며칠을 끌었다. 서로 아무 말도 하지 않았지만, 해야 할 일은 돌아갔다. 내가 저녁을 차렸고, 아내는 말없이 설거지를 했다. 손이 부딪히지 않도록, 시선이 마주치지 않도록, 묘하게 호흡이 맞는 조용한 살림이었다. 어색해진 공기만큼 더 많은 시간을 컴퓨터 앞에 앉아 보냈다. 새 매물이 떴는지 계속 확인했고, 재건축 가능성 있는 아파트 단지를 지도에 표시해 가며 비교했다. 커뮤니티에 올라온 매수 후기를 박박 긁어모아 챙겨 읽었다. 눈에 핏대가 섰다.

    반포 소단지와 대치현대를 찾아보며 리모델링에 대해 알아봤다. 그러다 보니 '이왕 몸테크*할 거면 재건축에 가자'는 결론에 도달했다. 신축은 너무 비싸고, 리모델링은 애매하고, 재건축으로 가서 버티는 게 그나마 부족한 예산에서 현실적인 대안이었다. 아픈 발목으로 임장을 쉬는 동안 재건축 공부를 했다.

며칠이 지나 통풍 검사 결과를 듣는 날이 왔다.

"다행히 통풍은 아니네요. 인대 염증이에요. 다리를 너무 많이 쓰셨어요(임장을 너무 많이 갔다는 뜻이죠)."

오옷 감사합니다. 신이시여⋯. 아직 저를 버리진 않으셨군요. 다행히 통풍은 아니었다. 다행이다 싶으면서도 민망했다. 이제 발목 아프다고 생색낼 명분도 사라졌다.

강남 3구의 재건축 아파트들을 추렸다. 그중에는 진행이 빠른 곳도 있었다. 만약 진행이 빠른 재건축을 매수한다면, 아파트 공사 기간에 빌라든 어디든 살 곳이 있어야 했다. 근방의 빌라로 들어가서 입주 때까지 거주하는 방안을 생각해봤다. 바로 신축 입성을 향한 전략적 우회 전략!

강남 재건축 입주권 매수 → 강남 빌라 몸테크 → 공사 기간 동안 강남 초등학교 보냄 → 강남 신축 입주

★ '몸'과 '재테크'를 합성한 신조어로, 노후 주택에 거주하며 재개발·재건축을 노리는 투자 방식

이거야말로 확실한 상급지 갈아타기 아닌가? 신축빨을 받아서 구축의 입지를 산다고? 그냥 입지까지 갖춘 신축을 사버리면 되잖아? 노트에 재건축 단지의 정보들을 빼곡히 정리하고 있는 내게 아내가 말했다.

"아, 무슨 재건축이야. 다람이 녹물로 씻기게 생겼네."

대꾸 없이 노트를 정리했다. 그래? 여보, 내가 보여줄게⋯. 남편이 시나리오 그려서 딱 보여준다. 기다려 봐. 묘한 오기가 꿈틀댔다. 진짜 갈아타기 제대로 해서 보여주겠다는 오기.

부동산에 전화를 했다.

— 안녕하세요? 강남 신축(예정) 갈아타기 가능하죠?

"네, 가능합니다. 그럼요. 지금 저희 재건축 이거, 나중에 신축 되면 최소 5억은 뜁니다. 아니, 10억 이상이 더 오를 거예요. 지금 잡으시면 최고죠. 내일 당장 오세요."

와, 사장님 추진력 미쳤다. 이런 추진력의 사장님이 있는 아파트라면 재건축 진행도 빠를 게 뻔하잖아? 다음 날 연차를 내고 부동산을 방문했다.

부동산 사장님의 말씀.

"지금 '얼죽신' 트렌드가 강해서 재건축이 주목을 덜 받고 있어요. 근데 그 트렌드가 이번에 새롭게 생긴 게 절대 아니에요. 몇십 년 전에도 신축 좋아했어요. 새것 좋아하는 건 사람의 본능이죠. 이럴 때 재건축 사세요.

자, 여기 대지지분이 이만큼인데, 국평 신청해서 보수적으로 추가분담금 1억을 더 낸다고 해도 총 투자금이 16억이에요. 근데 신축 되면 20억은 우습고 30억부터 시작이죠."

일리가 있었다. 사람들은 미래 가치를 보지 못한다. 아니. 본다고 해도, 미래를 위해 현재를 희생하는 건 또 다른 얘기다. 그렇지만 난 할 수 있다! 난 마시멜로를 지금 먹지 않겠어. 10년 뒤에 마시멜로 2개, 아니 10개를 먹겠다, 이 말이야.

재건축 몸테크 충분히 할 수 있다는 자신감이 생겼다. 사장님의 재건축 가스라이팅에 점점 확신이 생겼다. 추가분담금? 대출 받으면 되지!

"요즘 하루에 10통은 연락이 와요. 며칠 안에 다 팔려요. 잘 생각해 보세요."

마무리로 부동산을 나서다가 뒤돌아 한마디.
"아, 재건축은 안 오르다가 한번에 몇 억씩 뛰어요. 지금이 기회야."

우오오! 그래, 결정했어! 나 (집 팔리면) 바로 이거 산다!

신축에서 구축으로, 구축에서 리모델링으로, 리모델링에서 재건축까지, 왜 자꾸 사랑에 빠지는지…. 하지만 이번의 사랑은 내 마지막 사랑이 될거라는 예감이 (또) 들었다. 그렇게 사장님이 나가고 혼자 단꿈에 빠졌다.

"Hello 자기야, 친구 이상의 사이가 되고 싶어. 만나면 10억만큼 행복하게 해줄게."

'강남 신축'이라는 환상 속 그녀의 약속은 너무나 달콤했다. 그녀는 달콤한 인사를 건네고, 나를 웃게 해줬다. 사진으로만 봐도 가슴 뛰는 그녀. 아직 손도 잡아본 적 없지만 이미 수백 번 결혼식까지 상상했다.

> Hello. 친구가 되고 싶어.
>
> 난 미국에서 의사로 일하고 있어.
>
> 결혼하자.
> 예물을 보내고 싶어.

> 안녕하세요. 반가워요.
>
> 앞으로 친하게 지내요.
> 거기 날씨는 어때요?

사장님의 재건축 비전을 들으며 고개를 한참 끄덕이던 나를 지켜보시던 분이 있었다. 한쪽에서 가만히 듣고 계시던 실장님은 사장님이 나가시는 모습을 일어나서 확인하셨다.

"커피 한잔 드세요. 목 타겠네. 우리 사장님 참 말씀 잘하시죠~?"

실장님은 다시 한번 더 밖을 쳐다보시더니 조심스레 말씀을 이어가셨다.

"재건축이 저런 말을 들으면 좋아 보이지만 고생만 하다가 칠순까지 버텨야 할 수도 있어요.

지금 공사비 오르는 거 아시죠? 자잿값, 인건비 다 오르고 있는 거 알죠? 조합원들끼리 '이왕 하는 거 고급지게 가자' 하는데…. 아, 고급화 좋죠~ 돈이 문제지~ 추가분담금 4천 부르던 게, 슬슬 1억 되더니 지금은 말도 마. 5억이 넘어!

단계마다 조합원 중에서 태클 거는 사람은 어찌나 많은지 모르죠? 회의할 때마다 싸우고, 저번에는 진짜 멱살 잡고 난리도 아니었지. 소송 걸고, 법정 싸움 가고, 조합장 바뀐 건 벌써 몇 번째인지.

겨우 조합장 새로 뽑으면 유치원 자리 옮기라고 교육청이 딴지 걸고, 상가에서 소송 걸고, 문화재 조사하러 사람 오고, 서울시에서 공공 넣어라 뭐 더 내라라 하면 조합원들 또 싸우고, 정부에서도 재건축 규제 잘 안 풀어줘요. 그럼 또 공사 무기한 연기. 재건축은 시간이 금인데, 그 돈 다 누가 내요? 둔촌주공 보셨잖아요.

입주 예정은 지금 4년 후로 보고 있긴 한데…. 은마 아파트 20년 전에도 재건축 임박했다고 했던 거 다 알고 계시죠? 조합 계획만 믿던 사람들 다 피눈물 흘리고 있어요."

한참 동안 재건축의 어려움에 대해 말씀하시더니, 단 둘만 있는 사무실에서 속삭이셨다.
"알고는 계세요. 우리 아들 생각나서 해드리는 말이에요."
한순간이었다. 꿈에서 깨어나는 건.

멋진 이성이 SNS에서 당신에게 메시지를 보낼 확률은?

> 나 돈이 필요해.
> 일단 5억만 입금해줄 수 있어?

> 보냈어요.
> 사랑해요.

> 왜 연락이 안돼요?

부동산 사장님의 투자금 없는 달콤한 재건축 투자 권유
☞ 100% 사기입니다!

공짜는 없었다. 재건축의 가격에는 다 이유가 있었다. 둘의 주장은 양쪽이 극단적이긴 했지만 모두 일리가 있었다. 재건축의 희망 편과 절망 편이랄까? 복잡한 마음으로 부동산을 나섰다. 그래, 재건축에는 어려움이 있다. 하지만 그 어려움을 내가 감당할 수 있는가, 그 어려움의 강도는 어느 정도인가, 현재 상황은 어디까지 왔는가를 정확히 판단해야 했다. 언제나 현장엔 답이 있었다. 상황을 객관적으로 판단해야만 했다.

　- 실장님, 조합 사무실이 어디에요?

🏠 대치대디의 부동산 오답노트

✅ 재건축 vs. 리모델링

재건축 말고 리모델링을 한다는 단지들도 많던데, 재건축과 리모델링은 어떤 차이가 있을까? 쉽게 말하자면 재건축은 차은우로 환생하는 것, 리모델링은 차은우로 성형하는 것이라고 할 수 있다.

구분	재건축	리모델링
정의	완전 철거 후 신축	기존 골조 유지, 수선 및 부분 증축
적용 법	도시 및 주거환경정비법	주택법
추진 가능 시기	준공 후 30년 이상	준공 후 15년 이상
용적률	낮을 경우 추진	높을 경우 추진

리모델링을 통해서는 원하는 얼굴로 성형할 수 있지만, 내 몸은 그대로 써야 한다. 그러니 할 수만 있다면 재건축으로 아예 다시 태어나는 게 좋다.

재건축이든 리모델링이든 거주민들의 추진력과 단합력, 경제적 여유가 중요하다.

그리고 결국 가장 중요한 것은 입지다. 환생을 하더라도 주소는 바꿀 수 없기 때문이다.

제24장

강남 재건축
호랑이 조합장을 만나다

"볼일 다 봤으면 이제 꺼져."

마음이 복잡해져서 조합으로 찾아갔다. 허름한 사무실. 왠지 모르게 서늘한 기운이었다. 똑똑 노크를 하고 문을 열었다. 안쪽에서 누군가 굉장히 바쁘게 일하고 있었다. 머리는 백발이었고, 단정하게 뒤로 묶여 있었다. 꼿꼿하고 바른 자세에서부터 느껴지는 범상치 않은 기운. 그분이 누군지 본능적으로 알 수 있었다. 조합장이었다.

"누구셔?"
- 회장님 안녕하세요! 아유, 다른 게 아니고요. 제가 여기 재건축 매물 하나 관심이 있는데 정보가 너무 없어서 한번 와봤어요.

조합장은 차분히 서류철을 덮고 안경 너머로 나를 바라보며 물었다.

"매물이 몇호요?"

— 1502호요.

"어디 보자…. 소유주가 이주영 씨?"

— 네!

"조합원 맞아요."

짧은 대답들이 돌아왔다. 한참 어린 나에게도 예의를 갖춰서 말씀하시는 정중하지만 단호한 태도. 더 자세한 내용을 물어봤자 그 이상의 정보는 없을 것 같은 분위기였다. 나도 덩달아 입을 다물었다. 이대로라면 겨우 한 마디만 듣고 돌아가야 할 판이었다. 연차까지 내고 찾아온 조합 사무실인데 이대로 물러설 수는 없었다.

어색한 분위기를 도저히 참을 수 없어 말을 꺼냈다.

— 와, 근데 회장님 엄청 동안이시네요.

"내가 몇 살인 줄 알고?"

— 예순 좀 넘으신 거 아니에요?

터무니없는 아부를 했다. 하지 말았어야 했다.

"내가? 나 80이 넘었어. 예순 같은 소리 하네."

칭찬으로 건넨 말이었지만 전혀 먹히지 않았다. 오히려 내

농담 때문에 분위기가 어색해졌다.

'왜 아직도 여기 앉아 있어? 볼일 다 봤으면 이제 꺼져'라고 말씀하시는 듯한 약간의 침묵이 이어졌다.

…
…
…

어쩌지, 어쩌지…. 그 말을 왜 했을까, 바보 같으니…. 뭐라고 말하지…. 뭐라도 좀 더 정보를 얻어야 하는데…. 무슨 질문 하지…. 그냥 갈까…. 아, 어색하다…. 아, 무섭다….

그런데 상황은 갑자기 엉뚱한 곳에서 풀렸다.

"손목에 그거 묵주인가요?"

손목에 묵주? 아! 엄마가 줬던 묵주 팔찌다. 돈도 없으면서 강남에 가겠다고 돌아다니는 아들에게 하지 말라고 말도 못 하고, 그저 기도하는 것 말고는 할 수 있는 게 없다던 엄마.

"집만 팔고 갈 데 없으면 안 된다. 기도해."

아, 알았어. 건성으로 대답하고는 바지에 넣어놨다가 주머니에 계속 걸리적거리길래 손목에 꼈던 그 팔찌. 엄마의 기도가 하늘에 닿은 걸까?

— 네! 저희 부모님이 독실한 천주교 신자세요. 저는 요셉입니다!

"반가워요! 나는 안젤라예요."

활짝 웃으며 친절해지시는 조합장님. 하늘이, 아니 어머니가 주신 기회였다. 훈련소에서 크림빵 받으려고 세례 받았던 게 이렇게 연결이 되는 건가?

"차 좀 드릴까?"

차를 주신다고?

됐다, 됐어! 와, 하느님 감사합니다. 오마님 감사합니다!

"젊은 사람이 재건축 산다고 오시고 참 잘하셨어요. 자녀분 있으세요? 에고, 여섯 살이면 우리 손녀보다 어리네. 내 손주는 내년에 중학교 갑니다.

여기 옆에 중학교 아세요? 예전에는 이 학교 애들 맨날 사고 치고 패싸움하고 다니고 경찰차도 오고 그랬죠. 참 세월이 웃긴 게 예전에 그랬던 학교가 지금은 아주 명문이 됐네? 아파트들이 들어서면서 학교가 좋아진 거예요.

제가 여기 40년 넘게 살았어요. 어르신들 설득해서 조합 만들었어요. 어떤 사람은 저를 두고 소송을 걸고, 사적으로 횡령하는 거 아니냐고 모함도 했었죠. 별 생고생을 해가면서 사람들 의견 모아서 여기까지 끌고 왔습니다.

이거 돈 있으면 얼른 사세요. 10년 이상 보유하셨고 5년 이상 거주했으니까 매매하실 수 있어요. 자격 없는 매물이 가끔 부동산에 올라가던데, 이렇게 조합에 확인하셔야 돼요. 혹시 모르니 구청에도 체크하시고. 역시 묵주를 끼신 카톨릭 신자 분이라 똘똘하네요."

― 감사합니다! 상가 문제는 없을까요? 보통 재건축은 상가 때문에 문제가 많던데….
"여기는 상가 문제 일절 없어요. 제가 상가 조합원들이랑 다 담판 져서 합의해 놨습니다. 저를 믿고 걱정 마세요."
― 추가분담금은 얼마가 나올까요?
"그건 아직 말씀을 못 드려요. 우리는 평당 8백만 원 얘기하는데 건설사는 천만 원은 받으려고 하죠. 묵주를 끼셨기 때문에 다 설명을 해드리는 거예요. 원래는 다 내쫓아 버려요."
여기까지 설명해 준 것도 엄청난 호의인줄 알아라, 이제는 가라는 말이었다. 더 물어보면 혼날 것 같아서 얼른 인사하고 빠졌다.

자신감이 올라왔다. 저 호랑이 같은 조합장님에게서 이렇게나 많은 정보를 얻고 가다니! 이주비 승계 정보만 얻으면 완벽한 하루다.
건너방에 앉아 계시는 사무장님한테 슬쩍 밀했다.

― 저기 이주 책자 좀 가져가도 될까요?

"조합장님 안 볼 때 가져가세요, 언능."

소곤소곤 하시면서 가방에 몰래 넣어주시는 이주 계획 책자. 이거다, 이거야! 좋았어!

조합을 나서자 온몸의 힘이 빠졌다. 각기 의견이 다른 조합을 하나로 뭉치게 만들고 재건축이라는 하나의 목표를 향해 이끌어가야 하는 조합장은 역시 좋은 의미든 나쁜 의미든 난 사람이었다.

사무장님이 내어준 이주 계획 책자는 더 놀라웠다. 인터넷에서 아무리 찾아도 볼 수 없었던 정보들이 줄줄이 실려 있었다. 책자를 넘기며 깨달았다. 인터넷에 도는 정보는 늘 비슷하고, 때로는 틀리기까지 한다. 쉽게 얻는 정보는 정확하지 않다. 역시 답은 현장에 있다는 진리를 몸에 새겼다. 그날의 대화를 복기하며 책자를 꼼꼼히 읽었다. 그리고 내가 낸 결론.

― 사자.

(돈은?)

제25장

몸테크는 아무나 하나

"아줌마! 차 빼!"

조합장님의 추진력과 실행력을 한껏 느꼈기에 매수라는 결론까지는 어렵지 않게 도달했다. 하지만 여전히 현실적인 문제는 남아 있었다. 아무리 진행이 빠른 재건축이어도 공사 기간 3년 동안은 다른 곳에 살아야 한다. 돈이 많다면 컨디션이 좋은 곳에서 살면 되지만 나는 돈이 부족하다. 2~3억으로 전세를 살아야 한다. 아직 어린 다람이를 데리고 그렇게 할 수 있을까?

강남 신축의 삶은 결국 먼 미래에 있었고, 그 사이를 채우는 건 우리의 현재였다. 이삿짐 박스, 결로, 곰팡이, 층간 소음, 담배 연기 가득한 골목, 좁은 집. 수익률에는 적히지 않는 일상의 불편함들이 하나둘 떠올랐다.

그래도 이렇게 포기하긴 싫었다. 빌라에서 살 수 있을지 내 눈으로 확인해 보고 싶었다. 부동산으로 직행했다.

"잘 오셨어요. 마침 빌라 전세 아주 싸고 컨디션 좋은 게 나와 있어요."

맨날 늦었다는 말만 듣다가 마침 좋은 물건이 있다니 반가웠다.

3억짜리 빌라를 보기 위해 사장님의 차를 타고 이동했다. 좁은 골목을 샥샥 빠져나가면서 운전하시는 사장님에게 고민을 솔직하게 털어놨다. 재건축 매물을 사려고 하는데 멸실되면 지낼 곳을 먼저 알아보려 한다고, 아내가 반대해서 일단 물건을 보러 왔다고 말씀 드렸다.

"잘하는 거예요. 젊을수록 몸테크해야지. 엄마들은 반대해도, 나중에 신축 되면 다 애 아빠 덕이다 해요."

빠아아아앙.

건너편에서 나오는 차가 신경질적으로 경적을 울렸다. 아니, 여기 일방 통행인 거 몰라요? 잔뜩 날이 선 목소리가 좁은 골목에 울려퍼졌다. 난감하게 후진을 하는 사장님. 그런데 뒤에서 또 차가 들어왔다. 순식간에 4대의 차가 골목길에서 2대 2로 대치했다.

조수석에서 내려 교통 정리를 했다. 죄송합니다, 죄송합니다…. 뒤 차를 후진시키고, 우리 차도 후진을 하고 마주 오던 차량 두 대를 보냈다. 그렇게 우회하는 길로 우여곡절 끝에 도착한 빌라. 4대의 주차 공간은 이미 꽉 차 있었다.

"10분이면 되니까, 여기 앞에 대고 금방 다녀옵시다. 여기 세입자가 다음 달에 나가요. 요즘 전세 사기다 뭐다 해서 연장 안 하고 그냥 나가겠다네. 여기 집주인 내가 잘 아는데, 사기 치고 그럴 사람 아니거든. 헉헉…. 원래 3억 5천인데 싸게라도 전세를 맞추고 싶어 해. 이런 거 하면 좋아. 헤엑, 헤엑."

4층 빌라를 오르며 사장님도 나도 숨이 찼다.

띵동.
왈왈! 왈왈!
문이 열리고 우리를 반긴 건 핑크 머리의 몰티즈 한 마리와 강아지를 안아 올리는 또 다른 핑크 머리의 아주머니였다. 빌라에 들어서자 담배 냄새와 습기 가득한 곰팡이 냄새가 콧속에 가득 찼다. 몰티즈는 침입자 둘을 향해 한껏 짖기 시작했다.

"자, 생각보다 넓죠? 여기가 거실이고, 주방이랑 저기가 안방."

설명하기에도 민망한 수준의 18평 빌라였다. 한눈에 집 안의 모든 구조가 파악이 되는 집. 거실은 빨간 벽돌, 뷰는 앞동 빌라 뷰. 아, 여기가 3억…. 아내와 다람이의 얼굴이 떠올랐다.

뚱~~뜬뜨드든뜬~~~~~ 뜨르드르르르르르~~~
차를 세운 지 5분이나 지났을까. 왠지 불길하게 울리는 사장님의 휴대폰.

여보세요?
아줌마!!! 차 빼!!!
왈왈!!! 왈왈!!!
제정신이야??? 여기다 차를 세워놨어???
왈왈!!! 왈왈왈왈!!!

휴대폰 너머로 울리는 날카로운 이웃의 목소리가, 몰티즈 짖는 소리를 압도했다.
예예, 차 빼드릴게요. 금방 가요.
이미 한눈에 집을 둘러봤기에 황급히 차로 갔다.

"아이, 오늘따라 참 별일이 다 있네~ 호호홍."
부동산으로 돌아가는 길에 사장님은 민망한 듯 연신 웃으셨다. 나는 아무 말도 할 수 없었다. 도저히 그 환경에서 다람이와 함께 지낼 자신이 없었다.

"아무래도 아까 그 집에 살기는 좀 힘들겠지~?"
눈치 빠른 사장님은 내 기분과 생각을 대번에 읽고 4억짜리 매물을 빠르게 보여주셨다. 주차 공간도 더 넓었고, 작지만 방도 하나 더 있었다. 확실히 컨디션은 1억만큼 더 좋았다. 자본주의에서 가격엔 생각보다 더 많은 것들이 담겨 있었다.

"대신 저기 옆에 좋은 매물이 하나 있는데 말이야. 이거 요즘에 모아타운 얘기가 솔솔 나온단 말이지. 이런 거 사면 좋아. 이번엔 진짜 모아타운 지정될 거 같아."
사장님은 갑자기 8억짜리 빌라 매매를 권하셨다. 아, 그래…. 돈만 벌면 되는 거지. 이분은 나와 우리 가족의 생활이 어떻게 되든 아무 관심이 없으시구나. 더 이상 사장님과 나눌 얘기는 없었다.

"아빠… 나 여기 싫어!"
이렇게 외치는 다람이가 상상됐다. 점점 자신이 없어졌다. 역시 세상에 공짜는 없었다.

제26장

반포 급매
선매수 해버릴까

**"너희 아빠는 뭐하셔?
우리 아빠는 병원장이다!"**

"김 과장님, 다음 주 화요일에 거래처 미팅 있는 거 알죠? 강남 신세계에서 만나자던데 내가 하필 그날 스크린 모임이 있어서."

때마침 우리 부서의 꽤 큰 거래처 대표와 반포 쪽에서 미팅이 잡혔다. 퇴근 후 이어지던 임장에 지쳐가는 상황에, 외근과 임장을 해결할 수 있는 상황이 무척 반가웠다. 토허제로 잠삼대청이 눌린 시장 상황에서 반포의 시세는 날이 갈수록 높아졌다. 어느새 부동산 시장에서 가장 핫한 지역이 된 반포가 궁금했기에 반포와 잠원의 소단지를 공부하며 미팅 날만을 기다렸다. 미팅 당일 한 시간 일찍 가서 주변을 둘러볼 참이었다.

미팅인지 임장인지 모를 약속의 날, 고속터미널역에 내렸다. 취준생 시절에 스터디 한다고 국립중앙도서관에 매주 갔었는데, 그 건너편이 우리나라에서 가장 비싼 아파트가 될 줄 알았다면 나의 지금이 조금은 달라졌을까. 아, 그때 비트코인을 샀어야 했는데…. 아냐, 지금도 기회는 널려 있다. 내가 아직 모를 뿐. 지금이라도 달리는 반포 코인에 올라타자!

아아… 그때 도서관에 가던 그곳이 원래 이런 위압적인 모습이었던가. 와… 신축이 하나도 아니고 둘, 셋, 넷. 우와아아…. 저게 아리팍(아크로리버파크), 반래퍼(반포래미안퍼스티지). 저건 원베일리구나. 반포의 위용과 기세에 잔뜩 쫄았다. 이어마어마한 전국구 신축들 사이 소단지에서 살 수 있을까? 나 혼자라면 고민할 것도 없다. 하지만 우리 딸은?

"다람아, 너 어디 살아? 난 저기 아리팍 사는데 놀이터에서 같이 놀래?"
"아, 난… 저기….”
"엥? 거기 사는 애 처음 봐."

"다람아, 너희 아빠는 뭐하셔? 우리 아빠는 병원장이다!"
"아… 우리 아빠는… 그… 블로거…."
"블로거? 그 회사 대표셔?"

"아니, 과장이라던데…."

이런 대화가 상상이 됐다. 아… 안돼…! 반포라는 동네에 반하면서도 가질 수 없다는 생각에 서글퍼졌다.
"과장님, 먼 길 오시게 해서 죄송합니다. 반포에만 30년 넘게 살고 있는데, 제가 여길 참 좋아해요. 동네 밖을 잘 안 나갑니다. 허허허."

거래처 대표와 일개 과장, 반포 원주민과 반포 소단지라도 가려는 사람. 둘의 미팅 장소는 갑이 일방적으로 정했다. 한쪽은 왠지 모르게 자신감과 여유가 넘쳤다. 무게 중심은 분명히 기울어져 있었고 누가 봐도 갑과 을은 분명했다. 반포에 오랫동안 살고 있다는 말을 흘려듣지 못하고 부럽다는 생각을 했다. 질투에 가까운 감정이었다.
업무 얘기를 마치고 사적인 대화를 나눴다. 첫째 아들이 미국에서 3년째 유학 중이고, 둘째 딸은 세화여고를 나와서 의대에 갔다는 대표의 자랑에 맞장구만 쳤다. 와, 정말 대단하시네요. 에이, 그게 뭐 대단한가. 하하하.

반포의 소단지 주민으로 사는 것에 대한 막연한 두려움과 위화감을 실제로 맞닥뜨리는, 이상한 미팅이었다. 약 한 시간의 점심 식사를 마치고 반래퍼로 들어가는 대표에게 90도로 인사를 했다. 그것이 반포에 대한 나의 마지막 작별 인사처럼 느껴졌다. 만난 적도 없지만 널 보내줘야 할 것 같아…. 보내줄게, 반포….

반 반했지만
포 포기예요

"아 그리고, 다음에는 박 팀장이랑 봐요~ 박 팀장 반포 살았다던데."

직원 말고 팀장 나오라 그래, 라는 말은 아니었겠지? 근데, 박 팀장이 반포에 살았어?

박 팀장은 스크린 골프 모임 때문에 일찍 퇴근을 했다. 사실은 나도, 골프를 치고 싶었다. 사실은 나도, 승진을 하고 싶었다. 사실은 나도, 반포 신축에 살고 싶었다.

홀린 듯이 반포 부동산 문을 열었다. 통화 중인 사장님이 나를 고갯짓으로 반겼다. 하지만 여전히 나보다는 휴대폰 너머의 손님에게 온 신경이 집중돼 있었다.

"언니! 급매 있어서 연락 드렸어. A동 고층. A동 로얄인 거 알지? 시세보다 1억이 싸. 제2금융권까지 담보가 잡혀 있어서 좀 급해. 잔금 2개월 안에. 어어. 좀 빠듯하긴 하지. 어떻게, 지금 오셔? 네이버 부동산에도 안 올라온 물건인데 언니 생각나서 전화했지. 아, 2개월은 안 돼? 그래도 한번 생각해 봐, 언니. 일단 끊을게. 손님 와서."

단골손님에게 하는 전화인 듯했다. 저렇게 급매 전화를 받는구나. 집 팔면 예산이 대충 맞을 거 같긴 한데, 저거 나한테 주시면 안 되나….
…일단 살까? 확 질러봐? 어쩌면 이게 기회일 수도?
나 진짜 반포 주민?

반 반포
포 포기 못해!

전화를 마친 사장님이 겨우 나에게 시선을 보냈다.
― 사장님! 저 집 급매로 넘기면 예산이 되긴 하는데… 물건 설명 좀 해주세요.

"아직 집 판 건 아니셔?"
반포 사장님은 절레 절레 고개를 흔들며 다른 손님에게 전화를 했다.
저기요, 저는 손님 아닌가요? 집 못 팔았으면 손님도 아니다…?

자존심이 상한 내 머리에 떠오른 하나의 솔루션.
선 매 수.

아내에게 선매수 어떤지 슬쩍 톡을 보내봤다.

— 여보, 반포 부동산인데 1억 싼 급매가 하나 있네. 선매수 진짜 도박인데 한번 해볼 만한 거 같아.
"선매수? 난 절대 반대야."

물 한 잔도 받지 못한 채 혼자 앉아서 선매수 상상을 했다. 급매를 잡았다는 건, 이제 매도에 있어서도 도망칠 수 없는 시계가 돌기 시작했다는 뜻이었다. 기한 내에 팔아야 한다면, 단지 내 최저가보다 더 깎아서 내놔야 한다. 그럼 팔리긴 할까? 내 물건은 엄청나게 깎아야 팔리겠지? 만약 그런데도 안 팔린다면…?

사장님의 휴대폰이 울렸다.

"어, 언니. 2개월 안에 잔금 되겠어? 어머머 언니, 진짜 대박이다. 그럴 줄 알았어. 병원장 사모님이 그 돈이 없는 게 말이 안 되지! 얼른 와!"

좋은 가격의 매물이 팔리는 데에는 채 30분이 걸리지 않았다. 사연 있는 물건은 가격이 저렴했고, 가격이 싸면 아무리 복잡한 조건이 있더라도 금방 팔렸다. 모아둔 현금도 없는 내가 급매를 살 수 있을 리 없었다. 그런 내게 급매 전화가 올 리도 없었다. 결국 승자는 현금 보유자였다.

운 좋게 주어진 기회 같았던 급매. 그들이 사는 세상에서 어떻게 급매 전화가 가고, 누가 그 기회를 잡는지 똑똑히 봤다. 날 신경도 쓰지 않는 사장님께 인사를 하고 나섰다. 대꾸 없이 단골손님 맞을 준비로 바쁜 사장님. 서러운 마음에 부동산 앞 벤치에 잠시 앉아 있었다. 급매는 저렇게 팔리는 거였구나.

왠지 모르게 행복하고 밝아 보이는 반포 주민들, 그 사이에서 오늘 하루를 돌아봤다. 휴대폰 문자 알람이 왔다. 박 팀장에게서 온 문자였다.

"미팅 보고서 내일 오전 중에 부탁해요. :)"

왠지 약 올리는 것 같아 화면을 껐다. 집으로 출발하기 전 상가 화장실에 갔다.
"아니, 집도 안 팔고 급매를 달래. 웃겨 정말."

부동산 사장님이 상가 복도에서 통화하는 소리였다. 사장님의 속마음을 이런 식으로 듣고 싶지는 않았다. 아니, 사실은 이미 알고 있었다. 사장님이 내 만 원짜리 셔츠를 한눈에 훑었을 때부터. 책상 위 비타민 음료가 내 앞엔 놓이지 않았을 때부터.

지나가다가 어색하게 마주칠까 봐 휴대폰으로 고개를 내렸다. 까만 휴대폰 액정에는 바보 같은 내 얼굴만 비쳤다.

대치대디의 부동산 오답노트

✓ 선매수와 선매도의 차이점

1. 선매수(먼저 사고 나중에 판다)
- **정의**: 이사 갈 집을 먼저 계약하고, 살던 집을 나중에 매도하는 방식.
- **장점**: 원하는 집을 놓치지 않고 확보할 수 있음.
  ㄴ 수익률 높아짐(상승장).
- **단점**: 기존 집이 팔리지 않으면 자금 압박, 일시적 2주택 보유 위험.
  ㄴ 대출 규제, 세금(양도세, 취득세) 등 불이익 발생 가능.
  ㄴ 수익 손실 리스크(하락장).
- **적합 상황**: 집값이 급등하는 상승기(매수 경쟁이 치열할 때).
  ㄴ 자금 여유가 있거나, 두 집을 동시에 보유해도 부담이 없는 경우.

2. 선매도(먼저 팔고 나중에 산다)
- **정의**: 살던 집을 먼저 팔고, 이사 갈 집을 나중에 매수하는 방식.
- **장점**: 자금 계획이 명확해져 재정적 리스크 최소화.
  ㄴ 1가구 1주택 비과세 요건 충족 등 세제상 유리.
  ㄴ 시장 침체기(집이 잘 안 팔릴 때)에 안전하게 거래 가능.

- **단점**: 원하는 집을 바로 구하지 못할 수 있음(임시 거주 필요 가능성).
  ↳ 이사 시기 공백이 생길 수 있음.
  ↳ 상승장에선 상급지 물건이 더 비싸짐.
- **적합 상황**: 하락장, 보합장.
  ↳ 자금 여유가 부족하거나, 리스크를 최소화하고 싶은 경우.

구분	선매수	선매도
장점	원하는 집 확보	자금 계획 명확, 안정적인 방법 (리스크 최소화)
단점	기존 집 매도 압박, 세금	임시 거주지 필요, 상승장에선 상급지 더 비싸짐
추천 시기	상승장, 자금 여유 있을 때	하락장, 보합장, 자금 여유 없을 때
주의점	일시적 2주택 세금, 대출 규제	이사 공백, 임시 거주 비용

상승장에서는 선매수 후매도가 유리하나, 반드시 자금 계획과 대출 가능 여부를 꼼꼼히 확인해야 한다.
하락장에서는 선매도 후매수가 안전하며, 임시 거주 비용·기간을 미리 고려해야 한다.
선매수든 선매도든, 시장 상황, 자금 사정, 세금·대출 규정 등을 반드시 사전에 점검하고 결정해야 한다는 것을 명심하자.

초보라면? 그냥 동시 매도 매수 추천.

제27장

20년 전의 아내, 나와 딸의 미래

"19살 나의 아내를 만났다."

"아, 또 싸게 던지고 갔어! 아오. 부동산 가두리 너무하네."

상급지로 가려는 주민들이 자꾸 저가로 집을 팔았다. 내 아파트, 내 집만 저평가 같았다. 부동산에서 자꾸 헐값에 팔아버리려 하는 것 같다는 피해의식마저 들었다.

정보가 넘쳐나는 시대다. 사람들은 다들 똑똑해졌고, '틀린 선택'은 절대로 하지 않으려 했다. 남들보다 뒤처질까, 실패할까 두려워서 더 많은 정보를 찾고, 더 많이 비교하고, 더 오래 망설였다. 불안을 없애고 안전한 선택지를 가지려면 그만한 가격을 지불해야 했다. 불안한 사람들의 수요는 결국 안

전한 자산으로 몰렸다. 사람들 불안의 크기만큼, 강남 아파트에 대한 프리미엄이 붙어났다. 결과는 양극화의 양극화, 초양극화였다. 고덕에서도 대장 그라시움과의 격차가 벌어지고, 같은 아파트 매물 안에서도 양극화가 더 심해졌다. 답답한 현실에 불만이 가득 찼다.

그래도 집을 보러 오는 손님의 수가 늘기 시작하더니 토요일에는 손님이 8팀이나 됐다. 손님맞이를 하다 보니 점심을 먹을 시간도 나지 않았다. 집에 음식 냄새 풍기는 것도 싫어서 샌드위치를 사뒀다. 이제 진짜 팔릴 때가 됐다. 이제는 진짜다. 느낌 왔어.

퇴근하고 매일 임장을 갔다. 1순위 재건축 매물 외에 2~4순위를 계속 업데이트했다. 대치부터 도곡, 역삼, 개포까지 대치 권역을 쭉 훑었다. 특히 전혀 생각하지 않았던 역삼이 인상 깊었다. 시끄러운 상업지역으로만 알고 있었는데, 이렇게 조용한 동네가 있는 줄은 몰랐다.

"역삼, 이 동네가 여자애들 키우기 정말 좋아요. 대치 학원가 가깝지. 진선여중고 있지. 애가 6살이라며. 지금 딱 좋아요. 여기 한티역에 초등학교 유명 학원 바글바글해요."

사장님의 말씀이 귀에 잘 들어오지 않았다. 역삼의 호가는 내 예산보다 높았기 때문이다.

사장님 말씀 들으면서 놀이터를 지났다. 초등학생으로 보이는 여자아이들이 놀고 있었다. 같은 체육복을 입고, 각자의 속도로 뛰는 작은 무리들. 소외된 아이 하나 없이 깔깔 터지는 해맑은 웃음소리가 내 귀에까지 번졌다. 오후 2시의 무해한 장면은, 아름답지만 가질 수 없는 파스텔 톤 풍경화 같았다. 내 손이 닿지 않는 풍경 속에서 고개를 숙이고 걸었다. 이미 우리 예산에서 멀어진 현실을 인정해야 했다.

역삼 3형제부터 도곡렉슬, 대치삼성, 은마아파트까지 둘러보고 저녁을 먹었다. 음식점 안에는 대부분이 혼밥 중인 학생들이었다. 고등학생, 재수생 시절을 모두 대치동 학원가에서 보낸 나로선 그래도 대치동 사정에 꽤 익숙하다고 생각했다. 하지만 10년 만에 마주한 대치동은 완전히 달라져 있었다. 은마 사거리의 학생 수는 그때보다 훨씬 많아졌고, 학원가는 한티역을 넘어 역삼까지 두 배로 확장돼 있었다. 유튜브에선 저출산과 함께 학군지는 끝났다는데, 정말 대한민국에서 사교육이 없어지긴 할까.

그럴수록 학군지로 들어가야 한다고 대치동의 분위기는 말하고 있었다. 대도초등학교의 학생 수는 갈수록 늘고 있었다. 학군지도 양극화가 일어날 거라는 예감. 그 바깥은 소멸하고, 아이들은 오히려 대치동 학군지로 몰리면서 더 커질 것 같은 예감.

대치동에 들어간다면 '다람이가 이 분위기에 잘 적응할 수 있을까' 하는 불안이 밀려왔다. 반대로 대치동에 들어가지 않는다면 '대치동 아이들과 경쟁에서 밀려날까' 하는 또 다른 불안이 생겼다. 어떤 선택을 해도 불안은 피할 수 없었다.
아내에게 톡을 보냈다.
— 대치동은… 가고 싶고, 가기 싫고 그렇다.

은마 사거리 앞에서 집에 가는 버스를 학생들과 함께 탔다. 사방이 학생들로 둘러싸였다. 삼전역과 석촌역을 지나자 대부분의 학생이 내렸다. 역시 잠실은 대치동 다니기 가깝네.
정류장을 지날수록 버스 안의 학생들은 줄어들었다. 내 앞의 여학생 한 명만이 남았다. 흔들리는 버스 안에서 영어 단어를 외우고 있었다. 안쓰럽기도 하고, 대견하기도 했다.
나보다 훨씬 어린 친구지만 그 노력에 박수 쳐주고 싶었다. 버스를 탔던 시간이 1시간을 꼬박 채우고 엉덩이가 뻐근해질 무렵, 고덕의 새 아파트들이 보였다. 내 앞의 학생은 이제 수학 문제를 풀고 있었다.

20년 전의 아내를 보는 것 같았다. 버스 안의 또 다른 이수연은, 나와 같은 정류장에서 내렸다. 정류장에 나와서 고생했다며 가방을 건네받는 아빠, 괜찮다며 씩씩하게 걷는 학생. 나와 딸의 미래를 보는 것 같았다. 다람이가 저만큼 크면, 그때는 이 집도 구축이 되겠지. 다람이도 버스에서 공부를 하게 될까. 고덕에서 대치까지 라이딩을 할 수 있을까.

지금 이 순간을 기억하며 후회하게 되지는 않을까. 내 미래는 어떻게 될까. 대치동이라는 태풍 속으로 들어갈까, 아니면 태풍을 피해 멀리서 바라볼까. 과한 사교육 열풍에 휩쓸려 날아가 버리진 않을까. 문득, 태풍의 눈 한가운데가 오히려 가장 고요할 수도 있다는 생각이 들었다. 어디 있어도 불안은 사라지지 않는다. 그저 불안을 품고 사는 법을 배워갈 뿐이다.

ⓥ 대치대디의 부동산 오답노트

✔ 학군지의 미래

불과 1Km 거리의 초등학교가 전교생이 10배 이상 차이가 나는 시대다. 그래서 학군지를 볼 때는 두 가지를 확인해야 한다.

1. 학생 수
2. 1학년 → 6학년 학생 수 증감

과밀 1위 대도초등학교의 학생 수는 6학년으로 갈수록 늘어난다. 이처럼 앞으로는 애매한 학군지는 사라지고, 아이 키우기 좋은 곳으로 더 몰리게 될 것이다.

학생 수와 증감은 학교알리미 사이트(www.schoolinfo.go.kr)에서 확인할 수 있다.

"강남은 무슨 강남이야
제발 좀 분수에 맞게 살아."
"그냥 매물 거둘까봐요…."
"그래도 이 가격은 안 돼!"
"우리가 해냈어. 여보."

2부.

미션 클리어

"불안해도 가라"
: 매도부터 매수 성공까지

제28장

금리와 매수세, 드디어 매수 콜

"잔금이 10개월 후라고요?"

"요즘엔 금리랑 정책에 굉장히 예민해요."

처음 집을 내놓을 때 상여자 사장님이 했던 말이었다. 그 말이 맞았다. 기준금리 0.25% 인상 예측 기사가 떴을 때, 손님은 뚝 끊겼다. 그러다 금리 동결 발표가 나오면 다시 조금 움직였다. 금리와 정책에 연동되는 매수세가 몸으로 느껴졌다. 매일 금리 뉴스와 대출 정책을 확인했다. 매도와 매수를 동시에 해야 하는 갈아타기 입장에서 금리는 곧 생존과 직결된 숫자였다.

금리로 인한 불확실성은 매도가 어려웠던 큰 이유였다. '연말까지 기준금리 4.0% 간다'는 기사를 보며 한숨이 나왔나. 실제로 인상이 되지 않아도 인상 예측 기사에 매수자들은 움츠러들었다. '인상할 수 있다'는 말 하나가 사람들의 심리를 움켜쥐고 있었다. 세상의 모든 경제 뉴스와 정보가 날아와 꽂히는 시대, 숫자 하나에 흔들리는 마음들.

금리가 내려가면 집이 팔릴 확률이 높아지고, 그럼 상급지 가격이 오른다. 금리가 오르면 집이 안 팔려서 상급지를 못 산다. 대출이 풀리면 기회가 오고, 그러면 사람들이 몰려서 가격이 올랐다. 가격이 오르면 어김없이 규제가 나왔다. 규제가 강화되면 기회는 또 사라지고… 이런 예측과 생각들로 머리가 터질 것 같았다. 강남 집값이 들썩거리고 오른 후에 드디어 여기도 온기가 오려나 기대할 쯤에는 대출을 조였다. 그럼 또 우리 집은 팔리지 않았다. 이게 바로 갈아타기의 진짜 어려움이었다.

그러던 중 부동산 시장 침체에 대응해 대출 완화 정책이 발표됐다. 매수자들도 바로 반응이 왔다. 토요일만 5팀의 손님이 집 보기 예약을 했다.

그렇게 하루종일 집을 보여주고 쉬고 있던 토요일 저녁 8시. 상여자 사장님에게서 오랜만에 전화가 왔다. 손님이 많이 다녀간 토요일 밤에 울리는 전화였기에 심상치 않았다.

"아휴, 왜 이렇게 전화를 늦게 받아!"
― 네, 사장님 안녕하세요. 오랜만이네요.
"오늘 오전에 왔던 손님들 있죠? 지금 여기 그분들 계시는데, 3천만 원 네고 가능하면 계약하고 싶으시대요. 이분들은 저층이 꼭 필요한 분들이야. 남편이 이석증이 있어서 저층만 찾아."

안그래도 호가를 많이 내린 상황인데 거기서 3천을 더 깎는다? 어떡하지? 갑자기 들어온 매수 콜에 많이 당황스러웠다. 이렇게 갑자기 전화가 올 줄이야. 그런데 이어지는 사장님의 이야기.

"근데 이분들 잔금이 좀 길어요. 내년 2월."
내년 2월? 잔금이 10개월 뒤라니. 그게 말이 되는 얘기인가. 나를 얼마나 호구로 보는 거야.
"지금 진세 살고 있는데 내년 2월이 만기라서 그렇대."

당시에는 그저 당황스러웠지만, 지금 돌이켜보니 거짓말이었을 것 같다. 이 매수 콜이 들어온 시점에 시장에는 '내년엔 금리를 인하할 수밖에 없다'는 전망이 조금씩 돌고 있었다. 금리가 내려가면 주택 시장이 다시 움직일 거고, 미리 사두면 1년 뒤에 웃을 수 있다는 계산. 그러니까 잔금을 10개월 뒤로 잡은 것도, 예정된 금리 인하 흐름을 기다리는 한 수였을 거다. 그땐 몰랐던 걸, 지금은 안다. 그때 그 매수 콜은 단순한 뻔뻔함이 아니었다.

─ 잔금이 10개월 후요? 에이, 사장님 그건 말도 안 되죠….

"음, 그러면 주인 전세로 내년 2월까지 사시는 건 어때요?"

─ 주인 전세요? 집을 팔고 저희는 그 집에 전세 형식으로 살라는 건가요? 생각해 본 적 없는데, 시간을 좀 주세요….

"이분들 시어머니가 돈을 대주는데~ 자꾸 경제 안 좋고 집값 떨어질 것 같다고 걱정하신대. 계속 망설이는 거 내가 설득해서 여기까지 끌고 온 거야!"

─ 네, 감사해요. 그래도 잔금도 늦고 3천까지 네고해 달라는 건 너무 난감하네요.

바로 거절의 말이 떠올랐지만 그래도 좋게 에둘러서 거절의 의사를 표시했다. 그러자 이어지는 부동산 사장님의 말.

"사장님! 나 그 집 진짜 좋아한다? 거기 정원 뷰 진짜 이쁘긴 해~ 근데 제가 하는 말 '오해하지 말고 들으세요~' 솔직히 말하면~ 그 집 있잖아~ 팔기 쉽지는 않아~ 냉정하게 못난이 매물이라고~ 저층 물건은 말이야. 이렇게 산다는 사람 있을 때 팔아버려야 돼. 일단 팔고 나서 현금을 쥐고 있어야 뭘 한다니까? (니가 갈아타고 자시고는 내 알 바 아니고 내가 계약 따서 수수료 받는 게 중요해. 알겠어?)"

저 말이 틀린 말은 아니었다. 다만 문제는 그 현금을 10개월 후에 받는다는 게 문제였다.
10개월 동안 돈을 받지는 못하고, 집만 판 무주택 신세가 된다. 돈은 없고 아무것도 할 수 없음. 재건축 물건도 잔금을 3개월 내에 치뤄야 하는데, 당연히 그건 못 산다.

정확하게 의사를 표시했다.
— 안 돼요. 돈을 10개월 넘게 못 받잖아요.
"자, 내 말 들어봐. 그게 오히려 좋은 거야. 올파포 입주 내년에 시작되잖아? 그전까지는 시세 안 올라. 무조건이야. 입주장엔 원래 그래! 헬리오시티 입주할 때 전세가 뚝뚝 떨어진 거, 나 똑똑히 기억하거든? 나 헬리오 조합원이었어. 내 말 들어. 올파포는 세대수 더 많잖아. 그때 되면 강동 전세가 바닥 찍고, 집값도 무조건 떨어져. 잔금 길면 오히려 좋은 거야. 내년 입주장 딱 열릴 때 급매 잡으면 된다니까? 내가 다 해보고 하는 말이야."

잔금 길면 오히려 좋다고? 올파포가 분양가로 떨어질 거라고…?

"어떻게 하실 거야? 오늘 안으로 결정해요."

네? 사장님… 토요일 저녁 8시예요, 지금….

상여자 사장님에게 물건을 줬던 이유가 불도저 같은 추진력 때문이었다. 매수자를 압박해서 계약을 화끈하게 밀어붙일 거라 확신했다. 그런데 그 불도저가 매수자가 아닌 나에게 밀고 들어올 줄이야.

— 오늘 안으로는 못 해요. 그리고 저 다른 곳이랑도 얘기 중이에요.

사실 얘기 중인 곳 없었다. 매수 콜이 들어온 건 처음이었다. 그래도 이렇게 끌려가긴 싫었다. 10개월 후 잔금도 싫었다. 3천을 더 깎는 것도 싫었다. 상여자 사장님이랑 계약하기도 싫었다. 그냥 다 싫었다! 내가 아무리 매도를 하고 싶지만 이건 아니야!

"다른 곳이요? 거긴 어떤 사람들인데요? 실거주예요? 투자예요? 얼마 얘기해요?"

질문 폭격이 날아왔다. 다른 손님과도 얘기 중이라고 경쟁 붙여서 가격을 올리는 게 내 계획이었지, 저런 디테일한 시나리오까지 준비해 둔 건 아니었다. 대답을 버벅거리는 바람에

노련한 상여자 사장님은 내 거짓말을 바로 눈치챘다. 부동산 초보가 노련한 사장님을 이기기란 쉽지 않은 일이었다.

― 아무튼! 오늘은 저 결정 못해요! 그런 식으로 얘기하실 거면 전화하지 마세요!

화가 나서 강경하게 말하고 전화를 끊었다. 후회가 밀려왔다. 왜 상여자 사장님한테 물건을 드렸을까. 날 압박하기만 하는 상여자 사장님이 너무 싫었다. 장영란 사장님 말로는 공인중개사 자격증도 없다던데!

진짜 매도는 예술이구나…. 예술 맞네. 매일 올라오는 그 실거래가 부동산 장인들의 예술 작품이었구나. 매도하는 사람들 정말 대단하다.

첫번째 매수 콜이 들어왔다는 기쁨보다는 매도의 어려움만 절절하게 깨달았던 하루였다.

대치대디의 부동산 오답노트

✓ 금리와 부동산의 관계

부동산을 살 때 대부분 대출을 이용한다. 따라서 금리가 오르면 매수세가 줄어들고 주택 가격이 하락하기도 한다. 일례로 2022년 ~2023년 미국이 금리를 급격하게 올리자, 우리나라 역시 금리를 따라서 올리게 되고, 이는 부동산 하락장으로 이어졌다.

하지만 금리가 부동산 가격을 결정짓는 절대 요인은 아니다. 부동산 가격을 결정 짓는 수 많은 변수 중 하나의 요인에 불과하므로 금리 외에 다른 요소들도 함께 살펴봐야 한다. 특히 정부의 대출 규제가 발표되면 시장이 곧바로 반응한다.

제29장

단지 내 최저가 매물이 되다

"아… 막상 산다니까 이걸 팔려니 너무 아깝다…."

"두려움과 의심 때문에 제대로 생각을 못 하게 될 때, 우리는 모두 이런 작은 겁쟁이가 된다. (…) 의심의 말들은 너무나도 크게 울려 퍼져서, 우리는 결국 행동에 옮기지 못한다. 그래서 안전한 것에만 매달리게 되고, 그러는 동안 기회는 우리 옆을 지나가 버린다."

- 『부자 아빠 가난한 아빠』

부자 아빠가 되고 싶었다. 『부자 아빠 가난한 아빠』를 읽었다. 책에서는 두려움을 극복하라고 했다. 하지만 두려웠다. 강남에 가봤자 힘들 걸? 집도 좁아질 거고, 다람이도 공부 따라가느라 더 힘들 거야. 대출금도 더 커질 텐데 네 월급으로 생활이 되겠어? 두려움과 불안이 올라왔다.

아냐. 그래도 가자, 노력해 보자. 그때마다 마음을 다잡았다. 퇴근 후엔 임장을 가고, 매일 청소를 했다. 그런 일상이 지긋지긋하다가 익숙해질 지경이었다. 그러던 어느 날, 장영란 사장님에게 전화가 왔다.

"저번에 집 두 번 보고 간 여자 있지. 드디어 본인 집 팔렸대. 2천 깎아주면 산다네?"

두 번째 매수 콜이었다.

두 번째 매수 콜을 준 손님은 우리 집을 두 번 본 우리 또래의 30대 여자였다. 처음에 보러 왔을 때 깐깐하게 층간 소음은 어떻냐, 관리비는 얼마나 나오냐 등을 물었다. 그때도 뭔가 살 것 같은 느낌이 들긴 했는데, 친엄마와 함께 두 번째로 집을 보러 왔다. 엄마에게 자기 집 소개한다는 인상을 받을 정도로 우리 집을 마음에 들어 하는 게 느껴졌다. 하지만 이번에는 잔금이 4개월 뒤였다.

10개월 뒤 잔금을 치르겠다는 매수자에 비하면 이번엔 그래도 상식적인 수준의 제안이었다. 이 정도면 그래도 납득할 만한 딜이라는 생각을 했다. 서로 천만 원씩만 양보하면 거래가 될 수도 있겠다 싶었다.

그토록 기다렸던 손님이었다. 도대체 언제쯤 "계좌번호 주세요"라는 말을 들을 수 있을까, 하루에도 몇 번씩 상상했다.

내가 그렇게도 간절히 바라던 두 글자. 매도, 매도, 매도. 그런데 막상 우리 집이 정말 팔릴 것 같으니, 오히려 두려움이 밀려왔다.

이유는 두 가지였다. 첫 번째, 잔금 4개월은 늦다. 가장 사고 싶었던 1순위 물건인 재건축 아파트 매도자의 조건은 빠른 잔금, 즉 '돈 빨리 주면 팔게'였다. 잔금 4개월로 돈을 늦게 받으면 살 수가 없었다. 게다가 2, 3순위로 생각해 둔 매물들은 이미 다 팔려서 대안이 없었다.

두 번째 이유는 좀 어이가 없고 웃기다. 서울의 신축을 파는 게 갑자기 아깝게 느껴졌다. 다들 얼죽신, 얼죽신 노래를 부르는데, 이걸 지금 파는 게 맞나? 서울 신축, 게다가 손에 꼽힐 정도로 하락한 아파트, 저점에 파는 거 아냐? 게다가 앞으로 남은 호재가 아주 많은데! 기껏 힘들게 갈아탔는데 고덕이 더 오르면 어떡하지! 고덕 비즈밸리, 9호선 개통, 5호선 직결화, 서울세종고속도로, GTX-D, 올파포 입주 등등 고덕의 호재가 눈에 아른거렸다.

올파포 입주장 지나면 고덕 성공시대 시작되는 거 아닌가…? 아니, 오히려 올파포 입주장 아무렇지 않게 지나가는 건 아닐까…? (지나고 보니 입주장은 아무렇지도 않게 지나갔고, 오히려 가격은 더 오르고 있다.) 아… 막상 산다니까 이걸 팔려니 너무 아깝다….

일단 1순위 다음 2, 3순위를 정리했다. 급하게 헬리오시티와 파크리오, 렉슬 부동산 사장님에게 연락을 해서 2, 3순위를 리스트업했다. 아파트 순위를 정하는 건 쉽지만, '매물' 순위는 가격, 동, 층, 주인 거주 여부, 입주 날짜 등 세부적인 조건들을 따져서 정해야 했다.

내가 정한 기준은, 평수를 줄이더라도 입지를 높이는 것이었다.

1순위: 재건축
2순위: 도곡(시세 대비 비쌈)
3순위: 개포(시세 대비 비쌈)

아파트 분석하고, RR 라인 찾고, 가격은 적정한지까지 판단하려면 시간이 오래 걸렸다. 미리 공부하고 조건을 정해놓는 과정이 필수였다. 그런데 체크해 뒀던 매물들은 모두 팔렸고 딱 마음에 드는 물건이 없었다. 혹시 잔금 4개월을 당길 수 없는지 물어봤다. 그분들도 매도하고 갈아타는 거라서, 4개월 잔금으로 계약을 했기 때문에 불가능하다는 답변만 돌아왔다. 그 말은, 집을 팔아도 1순위 재건축 물건을 살 수 없다는 뜻이었다. 며칠 동안 시간만 흘렀다.

"오늘 계약금 들어갔대요. 매물 나오면 연락 드릴게요."

며칠 뒤, 1순위 재건축 매물이 팔렸다는 소식을 들었다. 이어서 2순위, 3순위 매물까지 다 팔려나갔다. 이제 내 선택지의 1~3순위는 없었다.

노력하면 될 줄 알았다. 청소를 하고, 나무를 심고, 새집을 달고, 할 수 있는 모든 노력을 다 했다. 더 할 수 있는 건 없었다. 무력감과 허탈함이 밀려왔다. 내가 괜한 꿈을 꿨던 걸까. 잘 가라…. 재건축 책 열심히 읽고 있었는데… 이제 좀 쉬어야겠다.

그동안 내 선택지에 포기는 없었는데, 어느새 포기라는 단어를 떠올리고 있었다.

1순위: 포기하고 그냥 살기

눈을 뜬 채로 잠을 설치다가 새벽에 부동산 앱을 켰다. 우리 집 밑에 달린 '급매', '추천', '아름다운 정원 뷰' 같은 단어들이 우스웠다. 무슨 자신감이었을까. 충동적으로 부동산 앱에서 매물을 내렸다. 그냥 포기다.

아침부터 장영란 사장님에게 전화가 왔다.
"집 팔렸어?"
— 아뇨. 그냥 매물 거둘까 봐요….

"으이구, 내가 뭐랬어! 집 파는 거 오래 걸리면 진짜 힘들어. 빨리 팔고 강남 물건 빨리 잡는 게 더 이득이라고 했지!"

빨리 팔고 상급지 매수.

지나고 보니 이게 정말 갈아타기의 핵심이었다.

― 그럼 지금이라도 5천 깎아버릴까요?

"아이고, 사장님 왜 그래 중말~! 그 가격이면 몇 개월 전 가격이야! 안 돼, 그건 참아. 진짜 안 돼…. 왜 그래, 응? 하, 중말! 일단은 진정해 봐. 안 팔리는 물건은 없어! 다 팔리게 돼 있어!"

매매 물건을 놓칠 것 같아서였는지, 사장님은 대안을 제시했다.

"아니면 차라리 전세 내놓을래? 지금 전세 씨가 말랐어. 전세는 바로 빼줄 수 있어."

전세 매물 실종. 몇 달 전에 역삼 부동산에서 들었던 얘기였다.

"전세가 더 오를 거예요."

그때만 해도 의아했던 이야기가 현실이 되어 있었다. 순간 머릿속에 복잡한 계산이 돌아가기 시작했다.

전세를 주면 뭘 어떻게 해야 하지? 그럼 우리는 어디서 살아...? 싼 전세를 구하고, 남은 돈으로 갭투자? 『부자 아빠 가난한 아빠』보면 집에 돈 깔고 앉지 말라던데...? 그 사람은 미국인이라 한국인의 부동산 사랑은 모르고 한 말 아닌가? 신혼 때 세입자 신세가 서러웠는데, 또 전세를 들어가야 하는 것도 싫었다.

그럼 고덕에 살면서 2주택 투자를 할까? 돈이 얼마 없으니 갭으로 사야 하고 투자금도 겨우 몇 천일 텐데 이걸로 지방? 지방을 언제 가지? 언제 또 공부하지? 세입자 관리는 어떻게 하고?

대안을 생각해 봤지만 그나마 쉬운 게 갈아타기였다. 갈아타기는 예전부터 자산 증식을 위해 많은 사람이 하던 보장된 방식이다. 게다가 현장을 가보면 매도인도 대부분 갈아타려는 사람이었다. 그야말로 모두가 갈아타고 있었다.

그래. 갈아타기 자체가 틀린 방향은 아냐.

— 그러면 아내랑 얘기 좀 해보고 다시 연락 드릴게요.
전화를 끊고 침착하게 생각했다. 내가 지금 쫓기고 있는 건 아닌지, 너무 조급해진 나머지 최악의 결정을 내리는 건 아닌지 말이다. 현 상황을 정리해 봤다.

1. 지금 당장 호가를 5천 내려서 팔린다고 해도 살 매물 없음.
2. 다음 대안 아파트를 정하지도 않았음.
  ┗ **결론:** 2천만 깎자.

내 매물은 단지 내 최저가가 됐다. 고층 물건과의 차이는 마침내 1억 이상이 되었다.

우리 집을 보러 왔던 손님이 한 말이 떠올랐다.

"저층인데 고층보다 1억 이상 싸지 않으면 사기가 좀…."

그 말을 허투루 듣지 말았어야 했다. '매수자의 입장에서 이걸 살까?'를 생각했어야 했다. 처음 우리 집을 내놓으면서 아내와 했던 대화도 생각났다.

— 여보라면 우리 집 이 가격에 살 거야?

"아니."

칼 같은 대답에 한바탕 웃고 말았다. 그때는 왜 몰랐을까. 바보 같으니.

부동산을 검색해서 전부 다 문자를 돌렸다.

중개사 42곳.

결국 내 매물은 아파트에서 가장 싼 '동네 매물'이 됐다. 호가를 낮추자 팔릴 만한 물건이라고 판단해서인지 사장님들이 적극적이었다. 진즉 이렇게 할 걸. 이상하게 오히려 편인한 마음이었다. 이제는 정말 팔릴 것 같다는 희망이 피어올랐다. 하지만 희망과 현실은 달랐다.

아내에게 톡이 왔다.

"나 몸이 점점 안 좋아. 기운이 없어. 그래도 버틸 만했는데 이제 완전 에너지 방전 느낌이야."

그날 밤 아내는 새벽까지 아주 많이 아팠다. 아내를 태운 구급차 안에서 손을 잡아주는 것밖에 할 수 있는 게 없었다.

대상포진이었다.

ⓒ 대치대디의 부동산 오답노트

✓ 매수 매도의 애티튜드

거래의 기본은 역지사지다. 항상 상대의 입장에서 생각하자.

- **팔 때**: 내가 매수자라면 이 가격에 살까?
  ㄴ 사는 사람에게 먹을 걸 남겨야 한다.

- **살 때**: 내가 매도자라면 트집 잡는 사람한테 팔까?
  ㄴ 칭찬은 집주인도 깎아주게 한다.

- **부동산 방문할 때**: 누구한테 급매를 줄까?
  ㄴ 돈 가진 손님, 기억에 남는 손님, 돕고 싶은 손님.

제30장

그냥 다 포기하고 싶다

"그만하자, 여보. 우리는 할 만큼 했어."

아내 회사 입사 동기는 10명이었다. 8명이 퇴사를 했다. 남은 두 명 중 하나가 아내다. 버티는 것 하나는 제일 잘한다. 감정 기복 크지 않고, 묵묵히 할 일을 한다. 본인 말로는 둔감해서 그렇단다. 대한민국의 장녀답게, 누구보다 참을성이 좋다.

웬만한 감기에도 병원 한번 가지 않던 아내가 머리가 아프고, 소화도 안 되고, 온몸이 쓰라리다며 울었다. 결국 응급실을 갔다. 누워 있는 아내를 보는 내 마음도 아팠다.

― 그만하자, 여보. 우리는 할 만큼 했어. 그냥 여기까지만 하자. 부동산 전화 돌릴게. 매물 다 내리자.

아내는 아무 말도 하지 못하고 눈물만 흘렸다.

― 울지 마. 지금 집도 충분히 좋아. 여기서 행복하게 살면 되지.

아내는 눈물을 닦으며 어렵게 말했다.

"일단 쉬면서 생각해 보자. 이대로 포기하기는 너무 아쉽지 않아?"

아내는 하루 입원을 했다. 우리는 한계에 이르고 있었다. 나는 절박한 마음으로 아픈 아내를 두고 연차를 냈다. 아침 일찍부터 부동산으로 갔다. 잠실부터 시작해서 도곡, 개포, 역삼, 대치를 또 훑었다. 훑었다는 표현이 정확하다. 한곳에 오래 머물지 않고 최대한 많은 부동산을 들렀다. 약해진 발목 때문에 택시로 이동하며 진통제를 털어넣었다. 아침 8시부터 밤 6시까지 매물을 살폈다. 그런데 부동산에서 전화가 왔다.

"사장님, 집 파셨어요?"

매번 듣는 말이었지만 지겹다 못해 이젠 웃음이 났다.

― 2천 깎아달라고 해서 고민 중이에요.

"지금 급매 하나 나왔어요. 내가 친한 손님 집 RR 매물인데, 원래 전세 준다고 했던 건데 방금 판다고 연락 주셨어. 오늘 절뚝거리면서 왔는데 그냥 보내고 마음이 안 좋았거든. 생각 있어요?"

― 저 지금 갈게요!!!!!!

고민할 것도 없었다. 급하게 옷을 갈아입는데 온몸이 흥분으로 떨렸다. 침대에 누워 쉬고 있는 아내에게 외쳤다.

― 여보! 나 이거 오늘 계약하고 온다. 알겠지?

와…. 사장님 나한테만 연락 주신 거래. 부동산 열심히 다닌 보람이 있다, 진짜…. 드디어 이런 전화도 받아보는구나. 여보 나만 믿어! 여보 진짜 고생 많았어! 내가 오늘 끝내고 온다! 할 수 있!!!!!!!!!!! 다!!!!!!!!!!!

아내는 이때 내가 진짜 미친놈 같았다고 한다. 잔금 일정만 맞출 수 있으면 무조건 사는 걸로 아내와 합의를 보고 출발했다. 아침 8시부터 다녔던 부동산, 저녁 7시였지만 택시를 타고 다시 갔다. 택시 안에서 고덕 부동산들에 문자를 뿌렸다.

"잔금 빠르게 치르는 분 있으면 3천 싸게 팔겠습니다."

매수자가 하나 있긴 했지만 그 사람들만 믿고 있을 때가 아니었다. 혹시나 급매가 팔려버릴까 택시 안에서 발을 동동 굴렀다. 하루에 두 번 도착한 강남. 부동산 문을 열었다.

"아니, 집을 누구 맘대로 그 가격에 내놨어? 제정신이야?"

"이럴 때 팔아야지! 평생 갖고 있을 거야? 세금 낼 돈 있어?"

"그래도 이 가격은 안 돼!"

"또 세 주면 4년 기다려야 돼! 지금 팔아!"

택시를 타고 도착한 부동산에서 내가 마주한 건, 60대 초반으로 보이는 부부의 말다툼이었다. 세금 낼 돈이 없으니 팔아야 한다, 그래도 이렇게는 못 판다의 주장이 도돌이표처럼 반복됐다. 언성은 점점 높아졌다. 그런 집을 사겠다고 온 나와 부동산 사장님은 중간에서 어쩔 줄을 모르고 부부싸움을 듣고만 있었다.

"자자, 오늘은 집으로 가시고, 매물은 그럼 일단 거두는 걸로 해요."

듣다 못한 사장님이 상황을 정리했다.

"아니, 사장님도 그렇죠. 이 사람이 판다고 홀랑 그렇게 손님을 부르면 어떡해요? 2억 더 받아주면 모를까. 그 밑으로는 절대 안 팔 거니까 그렇게 아세요."

아… 2억을 올리시네….

어쩐지 운수가 좋더라니…. 그래 그럴 리가 없지.

10만 원. 머릿속엔 하루 종일 썼던 택시비가 맴돌았다. 또 택시를 타려다, 그냥 터벅터벅 걸었다.

제31장

좋은 부동산,
나쁜 부동산은 없다

**"각자의 자리에서 생존을 위해
최선을 다할 뿐."**

수레를 만드는 사람은 사람들이 부자가 되길 바라지만 관을 만드는 사람은 사람들이 빨리 죽기를 원한다. 그렇다고 전자는 선하고 후자는 악하다고 단정할 수는 없다.

가난한 이에게 수레를 팔 수 없듯, 살아 있는 이에게는 관을 팔 수 없을 뿐이다. 사람을 증오해서 죽기를 바라는 것이 아니라, 죽음이 있어야 관을 팔 수 있고 그로 인해 이익을 얻을 수 있기 때문이다.

- 한비자

사람은 이익을 위해 움직인다. 본능이다. 한비자가 살던 시대의 사람들도, 지금의 우리도 모두 똑같다. 우리는 이득을

쫓아가는 사람들을 욕할 수 없다.

그것도 모르고 나는 부동산을 욕했다. 내 집을 싸게 후려쳐서 팔려고만 하고, 내 허락도 없이 호가를 낮게 네이버에 올려놓고, 자꾸 계약하라고 압박하기만 하는 부동산들이 싫었다. 하지만 부동산을 나쁘다고 욕할 수 있을까? 그들은 각자의 자리에서 생존을 위해 최선을 다할 뿐이었다. 그렇게 하지 않으면 경쟁에서 살아남을 수 없으니까. 계약을 따지 못하면, 돈을 벌지 못하면 결국 폐업하게 되니까. 아마 그래서 그랬을 거다. 상여자 사장님은 계약을 따내기 위해 최선을 다했을 뿐이었다.

호가를 내려서 최저가 매물이 되자 부동산에서 전화가 매일 5통씩 왔다. 지역의 웬만한 부동산은 내 번호를 아는 듯했다. 팔리라는 집은 안 팔리고 내 번호만 팔렸다. 매도에 간절했기에 부동산에서 오는 전화를 전부 받았다. 단 한 통도 거절하지 않고 모두에게 내 매물을 줬다. 결국 50군데 넘는 부동산에 내놓게 됐다. 아니, 사실 몇 군데에 줬는지조차 기억나지 않는다. 어느 시점부터는 부동산들 이름도 헷갈릴 정도로, 갈 데까지 간 상황이었다.

연내 금리 인하 기대감 지속…. LTV 완화

회사의 급한 일을 끝내고 금리와 대출 기사를 체크하던 중이었다. 상여자 부동산에서 전화가 왔다.

― 여보세요?

"안녕하세요~ 다른 게 아니고 저희 지금 손님들이 와 계시는데, 저층만 찾는 분들이라 연락드렸어요."

나랑 싸웠던 건 잊으신 건지, 아니면 그냥 쿨하신 건지, 아무 일도 없었던 듯이 얘기하시는 상여자 사장님의 목소리를 들으며 어이가 없고 짜증도 났다. 하지만 난 그 제안을 거절할 이유가 없었다. 그 많은 손님들 중에서 저층만 찾는 손님은 이번이 두 번째였다. 놓치면 안 된다. 그래도 상여자 사장님은 믿음이 안 가는데… 또 보여주는 집으로 쓰는 거 아닌가.

― 그래요? 사장님, 근데 그분들 진짜 사실 분들 맞아요? 지금 보실 거면 장모님한테 부탁드려야 하는데 구경만 하실 거면 안 보여드려요.

"이분들 진짜 사실 분들이에요. 고덕 계속 관심 있게 보시던 손님들인데, 어제 드디어 집 팔았대요. 아예 돈 들고, 오늘 사려고 오신 분들이에요."

― 아, 그래요…?

이거 느낌이 온다…. 나랑 싸웠던 부동산. 그런데 그 부동산이 갑자기 온화한 목소리로 연락이 왔다? 심지어 집을 팔아서 돈을 가지고 있는 손님이 저층을 찾는다? 엊그제도 나한테 매수 콜이 왔었고? 드디어 우리 집 팔릴 순서가 온 건가? 혼자서 복잡한 생각을 하는 중이었다.

"손님 데려갈게요. 이따 30분 뒤에 집 볼 수 있을까요?"
왜인지 모르게 선뜻 대답하지 못하고 망설였다. 그런데 갑자기 상여자 사장님이 따스한 말투로 말씀하셨다.
"에휴~ 저번에는 제가 죄송했어요."

갑자기? 그렇게 몰아붙이던 사장님이 갑자기 이렇게 따뜻하고 나긋나긋한 말투로 나한테 사과를 한다고?
이거 완전… 내 인생, 아니 갈아타기를 망치러 온 나의 구원자, 상여자 사장님! 각 나온다. 마스터피스 영화 시나리오 냄새가 난단 말이야. 계약 성사 엔딩의 냄새!

— 네 사장님, 그러면 장모님한테 말씀드려서 집 볼 수 있게 할게요.
"네네! 저 그럼 손님들이랑 아파트 좀 같이 둘러보고 30분 뒤에 들어갈게요."
통화를 끊으며 기대감을 감출 수 없었다. 도파민이 내 온몸을 감쌌다.

상여자 부동산 만세! 상여자가 영업력은 있어! 역시 추진력이 아주 화끈한 게 그때 욕하면서도 약간 정 드는 거 같았다니까!
　진짜 이번엔 느낌이 좋다. 농담 아니고 이거 딱 시나리오 맞잖아. 스토리 완벽하잖아. 오늘 계약서 쓸 거 같다, 진짜. 참 나도 대단하다. 대의를 위해서 사사로운 감정은 접어두는 프로페셔널! 그래! 나 자신 결국 성장했다! 이제 부린이는 아니다, 이거야. 중학교는 갔다, 이 말이야. 나 정말 장하다 장해! 보인다, 보여. 갈아타기의 엔딩이!

　몸은 회사에 있었지만 마음은 그렇지 못했다. 집은 잘 보고 간 건지, 그 손님들은 우리 집을 마음에 들어 했을지. 저층만 찾는다던데, 우리 집이 못생긴 애들 중엔 제일 잘생겼어! 너무 궁금하고 초조했지만, 그래도 상여자 부동산에 전화하지 않았다. 급해 보이기 싫었기 때문이다.

　그날 휴대폰은 울리지 않았다. 하루 종일 검은 화면만 바라보다가 소득 없이 퇴근을 했다. 또 다른 시련이 집에 기다리고 있을 줄도 모르고.

🏠 대치대디의 부동산 오답노트

✅ 매수자의 유형

1. 실거주 수요
어린 자녀가 있는 3040 부부들.
└ 압도적이었다. 대부분 이 사람들이었다.

- **1주택자**
  실거주 수요는 또 나눌 수 있는데, 하나는 이미 1주택이고 갈아타기하려는 사람들이다. 이들은 집이 안 팔려서 문제다.

- **무주택자**
  나머지 하나는 처음 집 사는 사람들. 전세금을 빼야 해서 잔금 일정 맞추는 게 쉽지가 않다.

2. 갭투자 수요
50대 이상 투자자들. 어차피 전세 줄 생각이라 저층 편견은 없다.
└ 강동구는 규제지역이 아니었기 때문에 실거주 수요 다음으로 많았다.

3. 공부하러 온 사람들
└ 나중에는 딱 봐도 티 났다. 묘하게 동태 눈깔. 내 매물이 아니라, 보고서 작성을 위한 공부에만 관심이 있음. 20~30대의 애매한 멤버 조합. 어색한 설정과 연기.

제32장

K-장녀
이야기

"강남은 무슨 강남이야.
제발 좀 분수에 맞게 살아."

지원해 주셔서 진심으로 감사드립니다. 하지만 아쉽게도…

간절히 가고 싶었던 기업의 채용 발표가 있던 날이었다. 떨리는 마음으로 여자친구와 함께 최종면접 결과를 기다렸지만 결과는 불합격이었다.

그날 여자친구 앞에서 눈물을 약간 보였던 것 같다. 거의 두 달 넘게 진행한 채용이었다. 취업 준비 기간은 2년을 향해 가고 있었다. 최종 3:1의 경쟁률만 뚫으면 나도 이제 여자친구 앞에 당당할 수 있다고 기대했다. 다음날 나는 여자친구의 어머님, 그러니까 지금의 장모님에게 위로의 문자를 받았다.

"마음이 많이 힘들겠어요.
결국엔 잘 될 거니 힘내길 바랍니다."

그때 여자친구는 31살, 당시에는 결혼 적령기를 약간 넘어가는 시점이었다. 그런 딸이 변변한 직업 없는 백수 옆에서 시간을 흘려보내고 있는데 어떤 엄마가 얼굴 한번 보지 못한 딸의 남자친구에게 그렇게 말씀하실 수 있을까.

몇 년 후 상견례 자리에 나는 노란색이 아주 예쁜 카라꽃을 들고 갔다.

꽃을 좋아하시는 나의 장모님, 장현숙. 대한민국 평범한 가정의 첫째 딸. 장현숙의 형제들은 전부 여섯 명이다. 아들은 하나, 딸은 장모님 포함 다섯. 딸 다섯 명 중에 넷째와 막내만 대학을 갔다. 하나뿐인 아들 역시 대학생이 되었다. 첫째 딸은 20살부터 공장에 나가 월급을 받았다. 그 돈은 고스란히 동생들의 등록금이 되었다. 그 시절엔 당연한 일이었다.

20살 장현숙은 돈을 벌 줄만 알았지 쓰는 법은 몰랐다. 결혼을 해도, 자식을 낳아도, 자신에게 쓰는 법을 모른 채 살았다. 동생들 졸업 후에는 딸이 생겼고, 아들도 생겼다.

지금도 처가에는 새 물건이 하나도 없다. 막내 이모가 이사 가면서 버린 처가의 TV 한쪽 모서리는 금이 가 있다. 에어컨은 삼촌이 버린 에어컨을 받아 와 고쳐서 쓰신다. 10년도 넘은 그 중고 에어컨은 매년 여름 고장이 난다.

내 아내도 장녀다. 장녀가 낳은 또 다른 K-장녀, 이수연.
장모님 말씀에 따르면, 아내는 한 번도 엄마를 거스른 적이 없다고 한다. 상견례 자리에서 장모님은 참고 참던 딸 자랑을 하셨다.
"우리 수연이는 한 번도 엄마 아빠 속 썩인 적이 없어요. 대학 4년 내내 장학금을 탔지요."

아내가 고등학생 때는 공부를 꽤나 잘했다고 한다. 강북의 어느 고등학교 전교 1등이 바로 내 아내였다. 그런데 전교 1등 고등학생 이수연은 내신 시험만 잘 봤다. 내신은 1등을 놓치지 않았지만, 모의고사만 보면 50등 밖으로 미끄러졌다.
과외를 받거나, 그게 아니면 대치동 학원이라도 가보고 싶었는데 못했다. 엄마가 안 보내줘서, 아니 못 보내줘서. 집안의 사정을 누구보다 잘 알고 있는 K-장녀는 반항 한번 없었다. 학원에 보내달란 말 한마디 하지 않았다. 묵묵히 독서실에서 밤을 하얗게 새웠다.

그해 수능은 유독 어려웠다. 전교 1등 이수연의 성적은 처참했다. 연고대는 기본이고, 서울대를 갈지도 모른다던 기대는 무너졌다. 친척들은 장모님에게 선뜻 말을 걸지 못했다. 누구보다 속상한 건 19살 이수연이었다.

넉넉하지 못한 형편이었던 장모님은 내 아내에게 그래도 재수는 안된다고 말했다. 맏딸 이수연은 그때도 반항 한번 없이 점수에 맞춰 대학에 진학했다. 과 수석의 성적으로 입학한 이유는 오직 하나, 부모님 학비 부담 때문이었다.

결혼하고 둘을 지켜보며 참 신기한 게 있었다. 아내는 장모님 말을 정말 잘 듣는다. 카톡에서도 꼬박꼬박 존댓말을 쓴다. 가장 많이 쓰는 말은 "네, 알겠어요"다. "엄마 뭐 해줘" 하는 법이 없었다. 나는 맨날 엄마한테 대들었는데….

그렇게 말을 잘 듣는 장녀이니 당연히 내 아내도 돈 쓰는 법을 모른다. 한 벌의 패딩으로 10년째 겨울을 나던 아내는 버티고 버티던 패딩이 뜯어지자, 반품도 교환도 안 되는 최저가 패딩 행사 전단지를 엄마에게 내밀었다.
"소매가 찢어졌어. 나 이거 사려고."
"아직 멀쩡한데 뭘 또 사." 장모님은 패딩을 꿰맸다.
아내는 묵묵히 패딩을 받아들었다. 엄마가 뭐라 하건 새로 사면 될 걸, 그 기운 패딩을 그대로 입고 출근했다. 추운 겨울 칼바람이 구멍으로 들이쳤다. 아내는 나에게도 옷 사달라는 말을 하지 않았다.

평생 돈 쓸 줄 모르고 살아온 장녀 둘은 종종 창밖의 풍경을 보며 좋아하는 커피를 함께 마셨다.

"다람이 초등학교 가서 잘 적응할 수 있겠지…. 지금은 저렇게 낯을 가려도, 크면 괜찮아지겠지…?"

"애들 믿어주면 다 잘 커. 걱정하지 마. 너 애 키우라고 대학 보낸 거 아냐. 엄마가 다람이 봐줄 테니까 회사 열심히 다녀."

두 딸의 대화 주제는 늘 또 다른 딸이었다. 그런 두 사람이 싸우고 있었다. 결혼 8년 차에 나는 아내의 그런 모습을 처음 봤다.

"그만 좀 해. 오늘 집 보러 온 사람들, 걔들 절대 살 사람들 아니야. 젊은 애들 셋이서 왔더라. 걔들이 무슨 돈이 있어서 이 집을 사. 나도 이제 얼굴 보면 알아. 그냥 공부하러 온 사람들이라고. 그런 사람들 한둘인 줄 아니?

진짜 언제까지 이럴 거야. 다람이 맨날 배 아프지, 김 서방은 발목 부어서 붕대 감고 다니고, 너 대상포진이라며… 입원까지 했다며!

너 몸 상하면서까지 이렇게 해야 돼? 진짜 엄마 속 뒤집어지는 꼴 보고 싶어? 이제 아주 내가 너네만 보면 가슴이 조마조마해. 이제 좀 쉬어, 수연아…. 그냥 여기 살아!"

장모님은 쌓였던 말을 참지 않았다.

아내도 그동안 참았던 걸 쏟아냈다.

"나 강남 갈 거야. 나 엄마 때문에 평생 한곳에서 30년 넘게 살았어. 대학교 가서 부자 애들 보면서 얼마나 부러웠는지 알아? 나는 맨날 알바해서 용돈 벌었는데 걔들은 사고 싶은 옷 마음대로 사고, 엄마 카드라면서 밥도 턱턱 잘만 사더라?"

"너 부족한 거 없이 키우려고 애썼어. 그리고 내가 한 동네에서 살아서 뭐! 너 그래서 잘 컸잖아! 네가 어디가 어때서 그래!"

"나는 여기서 평생 그렇게 몇십 년씩 살지 않을 거야. 나 이사 갈 거야. 내 딸은 강남에서 살게 해줄 거라고!"

"강남 가면? 너 그 동네 부자들 틈에서 잘 살 수 있을 거 같아? 여기서도 겨우 아등바등 살고 있으면서 강남은 무슨 강남이야! 제발 좀 분수에 맞게 살아!"

대화는 점점 더 격해졌다. 부모와 자식의 싸움이 격해지면 늘 그렇듯이, 가장 사랑하는 존재에게 가장 상처가 되는 말들만 오갔다.

"아등바등 산다고? 내가 누구한테 배웠는데? 지금 이러고 사는 거 다 엄마 때문이야.

분수에 맞게 살으라고? 그래, 나는 부자 동네 갈 자격도 없지? 내가 얼마나 강남에 열등감 있는 줄 알아? 대학 동기들,

나 은근히 안 껴주고 강남 애들은 지들끼리만 놀고 그랬어. 엄만 그런 거 모르지? 나 대치동 학원 얼마나 가고 싶었는지 엄마 모르지? 나 한 번도 과외 시켜준 적 없잖아. 유라 걔는 맨날 과외 받았던 거 엄마 모르지? 걔 결국 재수해서 의대 간 거 알아?"

장모님은 고개를 끄덕이지도, 반박하지도 못하고 말없이 듣고만 있었다.

"왜 맨날 나한테는 안 된다고 그래? 나 수능 망쳤어도 절대로 재수는 안된다며! 돈 없다며! 왜 맨날 참으래? 왜 나는 항상 참고 살아야 하는데!

패딩 다 뜯어져서 아울렛에서 사겠다고 했더니 그것도 사지 말라며! 내가 언제 비싼 명품 사겠대? 그걸 또 왜 꿰매서 줘! 내가 맨날 참으니까 괜찮은 줄 알지!

어렸을 때도 그랬잖아. 나는 참고, 참고, 또 참았어. 참고 참다가 씽씽카 사달라고 했더니 안 된다고 했잖아! 나 그거 백 번 천 번 참다가 겨우 말했던 거야! 엄마 기억도 안 나지!

내 딸은 절대로 나처럼 안 키워. 나는 우리 딸 가고 싶다는 학원 있으면 다 보내줄 거야! 과외도 다 시켜주고! 좋은 학교 보내줄 거야! 엄마처럼 구질구질하게 안 살 거야. 다 안 된다고, 하지 말라고 안 할거야! 다람이는 하고 싶다는 거 다 시켜줄 거라고!"

장모님은 들고 있던 손녀의 빨래를 한쪽으로 치웠다. 딸이 낳은 또 다른 딸, 다람이를 돌보느라 거칠어진 손에서 힘이 쭉 빠졌다. 더 이상 할 말이 떠오르지 않았다.
"…네 마음대로 해."

인사도 하지 않고 나서는 장모님 뒤로, 현관문이 힘없이 텅 닫혔다. 느리게 닫히는 문을 차마 다시 열지 못하고, 어떤 말을 어떻게 꺼내야 할지 모른 채 아내는 그 자리에 주저앉아 눈물만 흘렸다.

엄마, 미안해….
나 평생 엄마한테 대든 적 없잖아.
나는 강남 가고 싶어. 거기서 정말 우리 다람이 잘 키우고 싶어.

말없이 딸의 집을 나서는 엄마의 마음은 이미 죄인이었다. 딸이 입원을 했다는 소리에 삼계탕을 끓여서 딸네 집으로 달려왔다. 하루 종일 손녀를 돌보고, 집 팔아야 한다길래 손님 오기 전에 저녁도 거른 채 빨래를 개어 정리하고, 설거지를 하고, 청소기를 돌리고, 걸레질을 했다. 잠깐 앉아 쉬고 싶었지만, 현관의 택배 상자들이 눈에 걸렸다. 다 치웠다 싶으면 또 뭔가 나왔다.

딸이 아프다는데, 입원까지 했다는데 내가 다 해놔야지. 딸이 그렇게 이사를 가고 싶다는데, 이거라도 도와야지. 집안일만 하다가, 오로지 딸 뒷바라지만 하다가 끝나버린 하루였다. 그 하루의 마지막이 내 분신 같은 수연이와 말다툼으로 돌아올 줄은 몰랐다. 딸의 말들이 가슴의 멍처럼 계속 맴돌았다.

"지금 이러고 사는 거 다 엄마 때문이야."
"엄마처럼 구질구질하게 안 살 거라고."

알겠어.
네 마음대로 해.
이제라도 하고 싶은 대로 하면서 살아.
다 엄마가 못나서 그래.
엄마처럼 살지 마.
너는 네 딸 행복하게 키워. 꼭 그렇게 해.
엄마가 미안해.

돈을 가졌다는 그 손님은 그냥 공부하러 온 사람들이었다. 막무가내식 영업을 하던 부동산은 나의 구원자가 아니었다. 그저 항상 하던 식으로 날 기만했을 뿐이었다.

그날 새벽 다담이는 많이 아팠다. 새벽 3시까지 잠에 들지 못하고 관장을 했다. 까만 밤중에 우리 방은 6살 아이의 울음으로 가득 찼다.

　인생은 이상하다. 힘든 날엔 더 힘든 일이 생겼다.

　며칠 뒤에 세 번째 매수자가 나타날 줄은 모른 채, 이 지루한 여정의 끝이 앞으로 어찌 될지 조금도 가늠하지 못한 채로, 아파서 한참을 울다가 잠든 딸 앞에서 우리 부부는 서로를 끌어안고 울었다.

제33장

성공하면 한강뷰
실패하면 한강물

"돈 있어요?"

새벽 내내 다람이를 돌보고 힘에 부쳐 아내와 끌어안고 울다가, 겨우 3시간 정도 눈을 붙이고 출근을 했다. 몽롱한 정신을 깨려 아침부터 연신 커피를 들이켰다.

김대대 과장 인사평가 결과

박 팀장에게서 메일이 하나 와 있었다. 아, 맞다. 작년 한 해 성과에 대한 인사평가 통보 기간이었다. 그래도 열심히 했는데 최소 B는 줬겠지, 하며 열었다.

C

C?

잠깐만. B를 잘못 봤나? 아니었다. 잠을 3시간밖에 못 자긴 했어도 내 눈은 정확했다. C였다.

"과장님, 제가 진짜 항상 고마워하는 거 알죠? 내년엔 꼭 A 줄게요. 이번에는 승진 대상자가 많아서…. :)"

박 팀장에게 온 메시지에 힘이 쭉 빠졌다.

노력해도 안 되는 일이 있다. 육아도, 회사도, 부동산도, 늘 노력과는 무관하게 흘러갔다. 인생은 원래 그런 거다. 나에겐 취업이 그랬다. 이상하게 내 동기들은 취업을 빨리 했다. 대기업에 취직한 친구를 축하하러 나간 자리에서는 취준생이라는 내 신분만 확인할 뿐이었다. 출근이 힘들다는 말을 공감할 수 없었다. 법인카드 한도가 적다는 푸념이 배부른 소리 같았다. 취업 전을 즐기라는 친구들의 말에 결국 쓴웃음으로 대꾸했던 그날 이후 2년 동안 동기 모임을 피했다. 그런 내 모습이 싫었다.

2년 동안 썼던 자소서들은 100개가 넘었다. 200개가 넘었을지도 모른다. 끝이 안 보이는 터널 속에서 나는 한껏 위축되고 매일 스스로 실망했다. 1차 면접 탈락 4회, 최종 면접 탈락 2회. 그러다가 눈을 낮춰 가까스로 최종 면접에 합격을 했다. 최선의 노력으로 손에 쥔 명함을 친구들에게 내밀었을 때, 그들은 어색하게 웃어 보였다. 친구들 명함에 적힌 주소인 광화문, 여의도, 선릉과 내 회사의 주소지 가산디지털단지와의 거리만큼 멀어지는 순간이었다. 내가 노력한 시간들은 명함의 주소지로 증명됐다.

"야, 축하한다. 이런 회사가 알짜야."

괜한 자격지심에 친구들의 말을 오해했다. 2년 후 광화문으로 이직한 후에야 비로소 열등감을 지울 수 있었다. 그때의 기억이 계속 나를 몰아세웠다. 강남에 가야 한다고. 결과 없이는 너의 이 모든 노력들은 다 쓸모없어질 뿐이라고. 결과로 증명해야 한다고.

|*|*|*|*|*|

모르는 번호로 전화가 왔다.
"안녕하세요. 순재 부동산입니다~"

너무 전화를 많이 돌려서 이순재 사장님에게 물건을 드렸는지도 까먹었다. 전화번호 저장도 안 했지만 일단 아는 척을 했다.

― 네 사장님, 잘 지내셨어요? 오늘 저녁 7시요? 저 집 치

울 시간 필요해서 7시 15분에 오실 수 있나요? 아, 네네. 그럼 7시 15분에 뵙겠습니다.

전화를 마치고 회사 업무로 정신이 없었다.

"과장님, 퇴근 전에 결재 하나 좀 올려줘요."

허겁지겁 결재를 올리고 평소보다 늦게 퇴근을 했다. 사무실을 나서자 회사 건물 엘리베이터 한 대가 하필 고장이 나서 한참을 기다렸다. 버스를 놓쳤고, 광화문역으로 뛰었다. 눈앞에서 지하철을 놓쳤다. 결국 약속 시간보다 늦게 도착했다. 손님은 이미 집을 보고 떠난 뒤였다. 이분은 인연이 아닌가 보다 생각했다. 하루 종일 휘둘린 감정이 쏟아지듯 피로가 밀려왔다. 잠깐만 더 일찍 왔더라면. 하필 오늘만 아니었더라면. 이런 식의 '만약'을 곱씹는 일이, 가장 고통스러운 순간이었다. 그런데 전화가 울렸다.

"아까 손님들이 마음에 든다고 하네요. 부모님 모시고 또 보겠답니다."

부모님을 모시고 온다구요? 사장님, 그분들….

— 집 팔았어요?

"네. 집 팔았대요. 잔금 3개월 안에 된다고 하네요. 네고는 얼마까지 생각 있어요?"

3개월 안에 잔금…? 잠깐만. 아, 이건 진짜잖아. 진짜 맞잖아. 매도 시그널 오네, 시그널 오네. 이 손님들은… 살 수도 있을 것 같다!

진정이 되지 않았다. 매도만 되면 움직일 생각으로, 아내와 의논하며 1~3순위의 매물을 정리했다.

1. 도곡동 구축
2. 잠실 구축
3. 개포 신축

일단 매수 후보 매물 3개의 정확한 상태를 파악했다. 그중 잔금일 조정 가능하고, 네고 가능성이 그나마 있는 건 도곡동 물건이었다. 잠실과 개포는 갈아타기하려는 1주택자 물건이었고, 도곡은 다주택자 물건이었기 때문이다. 1~3순위 모두 부동산을 통해서 주절주절 깎아달라는 네고 요청 문자를 보냈다. 기본적인 틀 안에서 그 집의 특징들을 언급했다. 특히 집에 성모 마리아상이 있었던 집주인 분에게는 같은 신자를 강조하는 문자를 보냈다. 재건축 조합장님과 만남에서 묵주… 아니, 종교의 힘을 느꼈기 때문이다.

지나고 보니 저런 네고 요청은 집주인의 상황과 시장 분위기를 봐서 해야 하는 거였다. 당시엔 그래도 뜨거운 불장까지는 아니있기에 그나마 시도라도 할 수 있었디.

사람이 참 웃기고 간사하다. 막상 집을 팔려고 생각하니 또 불안이 몰려왔다.

이제 진짜 우리 집이 팔리는 건가? 드디어 갈아타게 되는 거? 계약하면 뭘 해야 되지? 일단 계약금 있어야 되지. 돈이 없는데, 어쩌지? 가계약금은 얼마를 넣지? 중도금은… 우리 집 판 돈으로 내면 되겠지.

잠깐만. 더 비싼 집을 사는 거니까 중도금도 더 비싸잖아…? 아, 대출 받으면 되겠지…? 하, 고덕 너무 저평가 같은데…. 내가 팔자마자 고덕 엄청 오르는 거 아닌가…?

그런 불안을 잡는 방법은 하나였다. 누가 봐도 확실한 상급지로 가는 것. 조금 무리가 돼도 더 파워풀한 호재가 있는 그곳으로 가자. 실현돼 봐야 알겠지만, 나는 GBC가 그 무엇보다 가장 확실하고 강력한 호재라고 생각했다. 게다가 부동산에서 가장 핫한 호재 GTX 중에서 A와 C는 모두 삼성역으로 통한다.

돈을 조금 더 써도 강남으로 가자. '그때 좀 더 무리해서 강남 갈 걸' 하는 후회는 남기지 말자. 내가 갚을 수 있는 만큼의 최대치까지 대출을 일으키자. 우리 소득은 앞으로 10년간 오를 일밖에 없다. 쫄지 말자. 쉬운 선택은 하지 말자.

하지만 집주인들은 약속이나 한 듯 호가를 올렸다.

응~ 그래~

쉬운 선택 안 해? 어려운 선택지 만들어줄게~

잠실 집주인:
나도 갈아타야 되는데 돈 없어! 3천 더 올린다!

개포 집주인:
2천 깎아달라고? 응 반사~ 5천 올려.

잠실과 개포 집주인은 갈아타려는 중이었기에 오히려 호가가 올라 버렸다. 제발… 마지막 나의 희망…. 도곡, 도곡…!

도곡 집주인:
에휴, 그래. 편지까지 주절주절 쓰고, 애쓴다. 올리진 않을게.

그나마 다주택자였던 도곡 집주인이 호가를 올리진 않았다. 이 과정에서 잠실과 개포 부동산에서는 미래를 예측하는 전망을 하기도 했다.

잠실 사장님:
"지금 집주인들이 계속 호가를 올리고 있어요. 내년에 총선 지나면 집값 100% 떨어져요. 일단 집부터 피시고 기다리세요. 총선

전까지는 정부에서 집값 절대로 안 떨어트려요. 지역마다 교통 놔준다는 둥 공약 남발하고 그 기대감으로 집값이 오르거든요? 근데 막상 선거 끝나면 정치인들 약속했던 거 이행이 안 돼요. 그러면 실망해서 집값이 내려가요. 저라면 총선 후에 가격 좀 떨어지면 매수할 거예요."
→ 서울 한정 오답.

개포 사장님:
"지금은 매물이 거의 없어. 디퍼아(디에이치퍼스티어아이파크) 알죠? 개포 1단지 말이야. 거기 7천 세대야! 그 많은 세대 입주할 때는 분명히 여기 매매가 떨어진다. 그때 매물 많이 나오니까, 일단 집 팔고 기다리고 있어요. 급매 나오면 꼭 연락 줄 테니까!"
→ 완전 오답. 입주장 영향은 하나도 없고 매매가는 계속 오르기만 했다. 사장님 급매 연락도 없었다.

|*|*|*|*|*|

선매도. 집을 팔고, 현금을 갖고 상급지 집값이 떨어지길 기다리는 전략. 이걸 실행할 수 있을까?

역대급 최악의 부동산 시장, 진짜 무서운 게 옵니다
아직 집 살 때 아닙니다

유튜브에선 더 떨어질 거라는 전문가들의 섬네일이 나를 자극했다. 더 떨어진다…? 현금 들고 기다려라? 맞으면 대박이지! 영화 「빅쇼트」의 마이클 버리가 되어 볼까? 하지만… 만약 팔고 기다리는데 불장이 오면 어쩌지? 코로나 때 곱버스 타서 비자금 날렸던 PTSD 온다….

실패하면 한강물, 성공하면 한강뷰 아입니까!

아냐. 난 역시 그만한 그릇이 안 된다. 게다가 100% 떨어진다고? 세상에 100%가 어딨어. 또 만약에 강남 집값이 더 떨어지면 우리 집은 대체 얼마로 후려쳐서 팔아야 되는 거지? 생각만 해도 끔찍했다.

장영란 사장님이 하셨던 말도 떠올랐다.

"절대로 매도 계좌 먼저 주면 안 돼. 상급지 계좌 먼저 받고, 그다음에 매도 계좌 넘겨."

나같은 초보는 그냥 '동시 매도·매수'로 가자. 내가 정한 원칙이었다. 가격이 오르든 내리든, 그 흐름에 몸을 실어보자.

대치대디의 부동산 오답노트

✓ 매수 결정의 기준

먼저, 자신의 상황과 선호도에 따라서 우선순위를 정한다. 매물 후보를 정할 때는 아파트만 고르는 게 아니라, 정확한 물건 1~3순위를 미리 정해야 한다. 언제 내 물건이 팔릴지 모르기 때문이다.

매수의 순간에는 눈이 돌아야 한다. 그 정도의 용기가 필요한 일이다. 그때 판단을 잘 하려면 평소 시세 공부가 필수다.

시세 공부는 여러 단지를 '비교'하는 데서 시작한다. A아파트, B아파트, C아파트 비교하니 D아파트가 싸다는 결론을 내릴 수 있어야 한다. 이미 디테일하게 알고 있다면 집을 안 보고도 매수가 가능하다.

그러려면 역시 평소 공부가 가장 중요하다.
시세 공부를 절대 소홀히 하지 말자.

제34장

턱

"그만해야겠다, 네 행복이 우선이지."

― 여보, 어머님한테 다람이 맡기고 청소하자.

한 번 더 방문한다는 그 손님들이 마지막 기회처럼 느껴졌다. 나는 이틀 연차를 냈다. 남은 에너지를 이 손님맞이에 쏟아붓자. 아내와 함께 대청소에 돌입했다.

TV 없는 거실. 다람이 영어책들, 교양 있어 보이는 인문 서적들로 거실 책꽂이를 채웠다. 마지막 대청소의 포인트는 꽃이었다. 다양한 색의 꽃을 알록달록 심어 거실 창 앞에 뒀다. 햇빛이 드는 자리에 놓은 꽃에 물을 줬다. 부모님의 마음을 사로잡아 집이 팔리기만을 바랐다.

이제 준비는 끝났다.

완벽한 청소.

완벽한 연출.

완벽한 매도.

나는 강남구 도곡동 주민이 된다. 애써 기대를 억누르고 있었지만, 설렘을 감출 수가 없었다.

우우우우웅.

장모님에게 온 전화였다.

"다람이가 넘어져서 턱을 다쳤어! 지금 병원 가는 중이야! 주소 보내줄 테니까 빨리 와!"

통화 내내 들리는 딸의 자지러지는 울음소리. 그렇게 심하게 우는 건 신생아 때 말고는 들어본 적이 없었다. 장모님이 설거지를 하시는 사이에 화장실 미끄러운 바닥에서 넘어졌다고 한다. 피가 많이 난단다.

정신없이 주차장으로 달려갔다. 병원으로 운전을 하면서 계속 자책했다. 혼잣말인 듯 아닌 듯, 아내에게 하는 말인지 나에게 하는 말인지 모를 말들을 내뱉었다.

이게 뭐라고 진짜 이 고생을 하는지 모르겠다. 내일 오는 손님들까지만 받고 매물 거두자. 하…. 진짜 이건 아니야. 그만하자….

부동산 따라다니다가 변비 때문에 고생인 와중에 감기까지 걸린 우리 딸. 그런데도 집 판다고, 대청소한다고, 엄마 아빠 손을 떠나 넘어져서 턱까지 찢어진 우리 딸.

이제 겨우 6년의 인생밖에 살지 않은 어린아이는 턱에 마취 주사를 맞았다. 다람이는 자지러지게 울며 버둥거렸다. 나는 딸이 움직이지 못하게 꽉 붙잡았다. 닭똥 같은 눈물들이 내 손등 위로 떨어졌다.

6살 다람이가 이렇게 고통스러운 시간을 보내는 건 누구 책임일까?

내 탓이구나. 내 욕심 때문이구나.

그만해야겠다.

전쟁 같던 시간이 지났다. 다람이는 상처를 12바늘 꿰맨 후에야 안정을 찾았다. 마취 주사를 맞기 전에 약속한 아이스크림을 사주자 언제 아팠냐는 듯 해맑게 아이스크림을 먹었다.

— …맛있어?

"응! 아빠도 한 입 줄게!"

그래, 네 행복이 우선이지.

우리가 어디에 살든, 네가 웃으면 되는 거지.

딸을 위해서 벌인 일이었다. 이제는 딸을 위해서 그만둬야 할 때였나.

반드시 강남에 가야 하는 건 아니다. 인생의 행복이 거기에만 있고, 여기엔 없는 것도 아니다. 지금 여기서 행복을 찾자. 할 만큼 했다. 얻은 게 없는 것도 아니다. 나는 몇 개월 동안 크게 성장했다.

부동산에 들어가는 게 어려웠던 사람이, 이제는 사장님들과 농담을 주고받고 급매 연락을 받는다. 실패지만 이건 실패가 아니다.

마음을 비우려고 애썼다. 하지만 아쉬움이 남지 않는 건 아니었다. 나는 늘 그랬다. 간신히 턱걸이할 만큼 올라가다가, 매번 힘이 빠져 떨어졌다.

숨이 턱 끝까지 차게 노력한 것 같은데 결국 안되는구나. 강남 문턱은 참 높네….

패배감이 스멀스멀 올라와 고개를 떨궜다. 숨이 턱 막혔다. 애써 그 감정을 외면했다. 복잡한 심정이었다.

좋은 것만 생각하자. 내일 오는 손님을 마지막으로 매물을 거두자. 이제는 우리 가족만의 시간을 갖자.

마음을 비웠다. 그렇게 생각을 정리하니 홀가분했다.

그러는 사이에, 나도 모르는 사이에, 기회는 턱 밑까지 다가오고 있었다. 인생은 참 알 수 없는 것이다.

제35장

매수 콜을 거절하다

**"천만 원만 깎아주면 계약하겠대.
여보 생각은 어때?"**

나는 딸이 둘이다. 하나는 진짜 내 딸 다람이, 다른 하나는 가슴으로 낳은 딸 고덕이.

하지만 자식을 언제까지나 끼고 살 수는 없었다. 고덕이를 시집 보내기로 마음먹은 나는 결혼정보회사, 아니 부동산을 찾아갔다. 결정사의 매니저들은 내 딸 고덕이에게 점수를 매겼다.

"대장 아파트 아니네요? -2점."
"로얄동 아니죠? -2점."
"저층이군요? -3점."
"10점 만섬에 3점입니다."

집을 파는 건 어려웠다. 매도는 예술이라더니, 정말로 그랬다.

잔금 10개월이요? 아니 우리 고덕이를 뭘로 보고, 어떻게 그런 사람한테 시집 보냅니까…? 우리 딸 쉽게 못 보냅니다! 내 딸 아껴줄 사람한테 보내줄 거예요. 번듯하게 호가 안 깎는 사람한테 말입니다!

손님 부부가 부모님을 모시고 방문했다. 결혼 전에 양가 부모가 만나는 상견례 자리 같았다면 좀 과장일까? 어쩌면 내 집을 너무 사랑한 부동산 모태솔로여서 그랬는지도 모른다. 지방에서 올라오신다기에 인자하고 푸근한 느낌의 노부부일 거라 생각했다. 하지만 그 부모님들은 내 상상과는 달랐다.

"뭔 또 집을 산다고, 하이고야…"

젊은 부부는 마치 본인의 집인 것처럼 자랑을 했다.
"아빠 여기 봐봐. 뷰가 이쁘지? 여기 꽃도 있네!"
우리 집을 사고 싶은 마음이 느껴졌다. 하지만 우리 집을 마음에 들어 한 사람은 그 부부뿐이었다.

"꽃 저거 금방 시든다이."
여기부터 심상치 않음을 느꼈다. 그 후로 시작된 지적질.

저층은 밖에서 다 보이는 거 아니냐?

저층은 세탁기 돌리면 역류되는 거 아니냐?

저층은 벌레 많지 않냐?

저층은 해 안 들어오지 않냐?

저층인데 너무 비싼 거 아니냐?

저층 이거 나중에 팔 때는 어떻게 하려고 그러냐?

저놈의 저층 타령! 노이로제 생긴다, 증말. 누가 들으면 저층인 거 속이고 집 보여준 줄 알겠네?

저기요… 제 딸 고덕이 다 듣고 있어요. 집주인도 있는 거 안 보이세요? 들립니다. 다 들린다고요…. 내가 우리 딸 키 크다고 거짓말했어? 층수 모르고 왔어? 그럴 거면 집은 뭐하러 보러 왔슈?

대놓고 내 앞에서 딸 욕을 하는 듯한 느낌. 기대로 부풀었던 손님맞이는 10분도 채 걸리지 않았다. 느낌은 당연히 좋지 않았다. 그나마 조금의 희망을 가졌던 건 트집 잡는 사람이 집 산다는, 어디선가 들었던 말이었다. 그래도 마음을 비웠다.

매물 거둬야겠다. 그냥 고덕에 눌러 살아야지. 고덕이 시집 가지마! 니가 어디가 어때서! 죽을 때까지 같이 살자!

손님들을 보내고 아내와 함께 그 사람들 욕을 했다. 이순재 부동산에서 전화가 왔다.

아니나 다를까.

"부모님들이 반대가 심하네요. 다른 아파트 RR로 사라고 자꾸 얘기하나 봐요. 그 부부는 사장님 집을 마음에 들어 하긴 하던데, 일단은 그 RR 매물 보고 또 전화 줄게요."

그래 뭐, 됐다. 매물 거두고 좀 쉬련다. 갈아타기 도전은 이만 멈추기로 마음을 정했다. 가족을 위한 시간을 보내기로 했다. 그동안 고생한 우리 가족과 나에게 맛있는 음식을 대접하고 싶었다.

딸이 좋아하는 피자를 먹으러 갔다. 이틀 연차라서 좋았던 건지, 맛있는 음식을 먹어서 행복했던 건지, 마음을 비워서 홀가분했던 건지는 알 수 없었다. 딸이 웃으니 그냥 기분이 좋았다.

오랜만에 가족 외식을 하는데 다시 부동산에서 온 전화.

"사장님, 계좌 주세요! 천만 원만 깎아주시면 계약하겠답니다."

예? 산다고요? 그렇게 틱틱거리더니요…? 참나. 흠…. 2천만 원 아니고 천만 원만 깎는다니 나쁘지는 않아. 일단 침착하자. 티 내지 말고.

— 네, 알겠습니다. 아내하고 상의 좀 해볼게요.

심란했다. 이렇게 파는 게 맞는 건가 싶었다. 부동산 모태 솔로는 완벽한 이상형을 기다리고 있었다. 1원도 네고하지 않고, 잔금도 빨리 주고, 게다가 우리 집을 많이 아껴주고 잘 사용해 줄 사람, 그러면서도 나한테 예의까지 갖춘 그런 매수자를 말이다(모솔 특: 완벽한 이상형만 기다림).

아내에게 통화 내용을 전달했다.
— 천만 원만 깎아주면 계약하겠대. 여보 생각은 어때?

아내도 주저했다. 우리가 망설였던 나름의 이유가 있었다. 그때 만약 우리 매수 후보지에 아주 매력적인 매물이 있었다면 고민하지 않았을 거다. 그때 우리 눈에는 도곡 물건이 가격적으로 엄청난 메리트가 있어 보이지 않았다. 물론 객관적으로 도곡은 확실한 상급지였다.

하지만…
그래도…
네버덜레스…

내 소중한 집을 그렇게 보내고 싶지 않은 마음이 더 컸다.

그 부모님이 트집을 잡아서였다. 내 새끼를 자꾸 못났다고 하니 기분이 좋을 리가 없었다. 아마 지안이네 가족이 천만 원만 깎고 잔금 일정 맞춰준다고 했으면 '아이고, 감사합니다' 하고 기분 좋게 계약했을 거다. 거래 조건이 중요한 게 아니었다. 중요한 건 감정이었다.

이미 마음이 많이 상한 우리 부부는 최종 호가에서 더 이상 네고는 하지 않기로 결론을 냈다. 내 딸 고덕이를 이렇게 얼렁뚱땅 시집 보낼 수는 없어요!

1차 매수 콜

천만 원 네고

거절

그때는 갈아타기고 뭐고 다 그만두고 쉬고 싶었다. 다람이가 좋아하는 키즈 카페에 갔다. 이순재 부동산에서 또 전화가 왔다.

"그럼 500씩 서로 양보하자고 하시네요. 이거는 그냥 계약하는 게 어떠세요."

흠 그래요?

조금도 네고해 주지 않기로 마음을 정한 상태였는데 막상 새로운 제안을 들으니 또 흔들렸다. 서로 500씩 양보하고 이대로 계약하면 나름 성공적인 매도라는 생각도 들었다.

하지만, 그래도, 싫었다. 우리 집을 보면서 계속 무표정으로 트집 잡던 그분들의 얼굴이 떠올랐다.

이순재 사장님은 나를 설득하기 시작했다.

"내가 살아보니까 갈아타기는 무조건 해야 되는 게 맞아. 지금 500만 원 때문에 강남 못 간다? 그거는 말이 안 돼."

— 아니, 사장님 근데요. 강남 쪽 물건이 너무 올라서 저희가 돈이 없어요.

"원래 상급지는 그런 거야. 여기 1억 오르면 강남은 3억이 올라 있어. 지금 내가 손해 보는 거 같잖아, 그치? 근데 지나고 보면 그 500만 원 그거 암것노 아나. 500만 원 차이가 나중에는 5천만 원이 되고 5억이 돼.

  내가 고덕에 지금 30년째 살고 있는데 제일 후회되는 게 그거야. 예전에 강남 갈 수 있었는데 안 갔어. 심지어 압구정을 갈 수 있었다니까? 그때 강남 갔으면 우리 아들 더 좋은 대학 보냈을 거야. 나는 그게 정말 아쉬워, 진짜야. 아들 같아서 해주는 말이야. 갈아타는 거 원래 쉽지 않아. 지금 젊을 때 갈아타는 게 맞는 거야. 나처럼 나중에 후회하지 말고 얼른 계약해, 그냥!"

  ─ 하…. 글쎄요…. 생각 좀 해볼게요.
"뭘 자꾸 생각해. 그냥 계약하라니까? 저층 팔기 쉽지 않아. 저층은 이렇게 산다는 사람 있을 때 팔아버려야 돼! 솔직히 말해서 저층이라 지금 몇 개월째 안 팔리고 있잖아? 손님들도 다 알고 있어. 매물 계속 나와 있는 거 보고 있었대."
  ─ 엇…. 아…. 손님들이 그랬어요…? 우리 집 몇 개월 동안 올라와 있는 거… 안다고 그래요…? 아… 그러셨어요…?
  그들은 나를 긁었다. 자존심과 저층 열등감을 제대로 긁었고, 나는 긁혔다. 아내는 새벽에 응급실에 가고, 나는 왼쪽 발목이 부은 채로 집 보러 다녔고, 게다가 지금 우리 딸은 턱을 12바늘 꿰맸다. 우리 가족은 그야말로 만신창이였다. 그런데 손님들이 쭉 지켜보고 있었다고? 농락당하는 기분이었다.

─ 그 사람들 RR로 사라고 하세요. 저 매물 내릴게요.

500만 원? 내가 코인과 주식으로 잃은 돈이 그것보다 많다. 겨우 500만 원으로 도곡동 주민이 될 기회를 놓친다? 바보 같은 행동이었다. 지금 생각하면 진짜 왜 그랬을까 싶다. 나는 왜 말도 안 되는 고집을 부렸는가. 왜냐하면 자존심을 긁혔기 때문이다. 내 기분이 상했으니까. 기분상해죄!

2차 매수 콜
500만 원 네고
거절

매수자 분들은 매도자 자존심 긁지 마세요.
진짜로….

제36장

모르는 번호로 전화가 왔다

**"무조건 자식들이 하자는 대로 하세요.
저처럼 원망 듣지 마시구요."**

[이순재 부동산 이야기]

"사장님, 부동산 몇 년 하셨어요?"
이순재 사장님은 웃으면서 대답했다.
"30년 됐지요."

그 말속엔 많은 게 들어 있었다.
부동산 중개라는 것이, 쉽게 돈 버는 직업처럼 보일지도 모른다. 하지만 30년 넘게 고덕에 살며 수많은 중개인들이 개업하고, 다투고, 고민을 나누고, 등을 돌리고, 떠나가고, 돌아오는 걸 봤다.

그런 이순재 사장님에게도 계약 성사는 언제나 쉽지 않았다. 하루에 5시간 넘게 손님들을 끌고 집을 보여줬다. 젊었을 땐 옆 동네 부동산과 실랑이도 벌이며 매물을 따오고, 몇 시간이고 지치지 않고 영업을 뛰었던 그다. 예순을 넘긴 지금은 인내보다 체력이 먼저 닳는다. 지난달 계약 건수는 0. 이번 달에도 계약하지 못하면 임대료 낼 여력이 없다.

부모님을 모시고 온다는 건 좋은 신호이기도 했지만, 자주 엎어지는 단계이기도 했다. 그럴 때마다 이순재 사장님은 자신의 과거가 떠올랐다. 10년 전 아들의 부동산 매수를 막았던 그때.

"아버지, 저 이번에 계약하려구요."
"지금은 위험해. 기다려 봐."
그렇게 많은 사람의 이사를 도와줬는데, 정작 내 자식은 돕지 못했다. 그날의 말은 마음의 빚으로 남았다. 경기도에서 고덕으로 갈아타려는 젊은 부부. 10년 전 아들의 모습이 자연스럽게 떠올랐다.

사무실에 돌아온 이순재 사장님과 손님들. 딸은 눈치를 보며 말없이 서 있었고, 부모의 표정은 굳은 채였다.

"골라도 뭘 저층을 골랐어. 집주인도 아주 배짱이네. 금액도 하나도 안 깎아주고, 집이 저것뿐이냐? 사지 마!"

부모의 입에서 나온 그 말은, 과거 자신의 목소리와 꼭 닮아 있었다. 그들도 지금 불안할 것이다. 자식을 지키고 싶은 본능. 자식 집 하나 미리 준비해 놓지 못해 미안하고, 힘들게 사는데 돈 한 푼 못 보태줘서 짠하고, 내가 가진 게 없어서 얘가 이렇게 고생하는구나 싶은 죄책감에 걱정까지 얹어서 불안을 키운다. 젊은 시절, 한 번쯤은 더 가볼까 망설이다 멈췄던 그 자리. 바로 거기에서 선택을 하지 못했던 아쉬움과 자책과 불안이 뒤섞여 자식의 결정 앞에선 불만이 된다. 저층이라 안 되고, 시장이 안 좋아서 안 되고, 대출 갚느라 힘들어서 안 되고, 안 깎아주니 기분 나빠서 안 되고, 그저 "안 된다"는 말만 튀어나왔다.

이 일을 하다 보니, 결국 그가 중개하는 건 누군가의 하루하루가 쌓여갈 풍경이라는 걸 알게 됐다. 어쩌면 이렇게나마 아들에게 진 빚을 갚으려는 건지도 모른다. 하지만 그는 오랜 시간 동안 많이 봐왔다. 기회는 언제나 준비가 된 사람에게만 오는 게 아니라는 걸.

이렇게 포기하고 돌아간다면, 그 선택은 10년 후에 후회가 되지 않을까. 그 후회가, 부모에 대한 원망으로 돌아오진 않을까.

"제가 한 말씀만 드려도 될까요."

그는 마치 혼잣말처럼 말을 이었다.

"저도 자식이 하나 있어요. 10년 전에 그 아이가 강남으로 이사 가겠다고 했습니다. 당시에는 좋은 조건이 아니었지만, 지금 생각하면 정말 기회였죠. 근데 제가 말렸습니다. 지금은 경제도 안 좋고 위험하다고, 대출이 너무 많다고, 조금만 더 기다려 보자고."

"…"

"그다음은 아시죠? 허허허."

사장님은 웃었지만, 그 웃음은 자책에 가까웠다.

잠시 침묵이 흘렀다. 그 침묵을 예상한 사람처럼, 차분하게 말을 이어갔다.

"부모님이 지금 망설이시는 거, 저도 이해합니다. 다 자식 걱정돼서 그러신 거잖아요. 빚지고 힘들게 살까 봐 괜히 마음 쓰이고, 나중에 팔 때 고생할까 봐 걱정도 되고, 그렇다고 좋은 집 사준다는 말은 안 나오고요. 저도 그랬거든요. 근데 지나고 나니까 알겠더라고요. 사실은 자식 때문이 아니고, 내가 용기를 내지 못한 거였어요."

그의 말을 들은 매수자 부모들의 동공이 흔들렸다. 어색해진 분위기.

 "무조건 자식들이 하자는 대로 하세요. 나중에 저처럼 원망 듣지 마시구요."

 일단 알겠다며 손님들은 한숨을 푹 쉬고 사무실을 나섰다. '일단 알겠다'는 말은 언제나 거절이었다. 마음속에 숨겨놓은 말을 꺼내놓고서는 혹시 주제넘은 건 아닐까 걱정스러웠다. 내가 너무 많이 나갔나. 그냥 가격 얘기만 하고 말 걸 그랬나…. 다음 달 임대료 걱정이 밀려왔다. 사장님은 서랍을 열고 계산기를 꺼냈다. 수수료를 계산했다. 사무실 임대료 두 달치 금액이었다. 한숨이 길게 나왔다.

 조용해진 사무실 앞으로, 며칠 전 개업떡을 돌리며 인사 왔던 중개사 후배가 손님을 데리고 지나갔다. 블라인드를 내리고 잠시 눈을 붙였다.

 띠리리리링.
 한 시간 정도 잤을까. 4시를 넘길 무렵 울린 벨소리에 잠에서 깼다. 아까 아빠의 눈치만 보던 딸의 전화다.
 "사장님, 저 계약할게요!"

[4시 7분]

이순재 사장님에게서 전화가 왔다. 전화하는 목소리가 왠지 들떠 있었다.

"여보세요? 네고 안 하고 그대로 하시겠답니다. 계좌 보내주세요!"

우리가 정한 가격에, 잔금 일정까지 딱 맞는 매수 조건. 네고 없이 하면 계약한다고 뱉어놓은 말도 있고, 제안을 거절할 이유가 없었다.

마지막으로 복비 좀 깎아볼까…! 지금 이 타이밍을 놓치면 중개 수수료 협상의 여지는 사라지고 만다.

― 사장님… 그… 혹시 복비 조금만….
"허허허. 깎아줄 테니까 이제는 진짜 계약해."
― 네 감사합니다! 저 그러면 매수 물건 확인하고 계좌번호 보낼게요.

3차 매수 콜

0만 원 네고

승낙

단 1원도 네고해 주지 않고 집을 팔 수 있게 되자 기분이 많이 풀렸다. 매수자들과의 기싸움에서 완승을 한 기분이었다.

[4시 10분]

후련한 마음으로 도곡 부동산에 전화를 했다. 우리 집 매수하겠다는 사람이 자꾸 천만 원을 깎아달라고 하는데, 혹시 조금이라도 네고가 될지 물어봤다. 나는 네고가 안 된다고 해도 도곡동 물건을 살 생각이었다. 전화를 끊으며 손이 약간 떨렸던 것 같다.

하하. 그래도 매도가 되긴 되는구나. 와, 나 이제 도곡동 주민이 된다. 더 이상 나를 부동산 모태솔로라고 부르지 마라!

[4시 12분]

이순재 부동산에 전화했다. 매수 물건 계좌 받으면 연락 주겠다고 말했다. 키즈 카페 복도에서 통화를 마쳤다. 딸과 아내를 데리고 도곡동으로 출발할 참이었다.

[4시 16분]

모르는 번호로 전화가 왔다.

누구지…. 부동산인가…. 이제 매도 계약할 건데….

저장하지도 않은 번호. 매수하겠다는 통화를 마치고 4분 뒤에 걸려온 전화였다. 이제는 부동산 전화를 받을 필요가 없었다. 모르는 번호는 원래 받지 않던 나다. 하지만 받아야 할 것 같았다.

그 전화를 받지 않았다면, 나는 도곡동에 갔을 거다.

아니, 지금의 나였다면 가격을 더 낮춰 빨리 팔고, 잠실로 갔을지도 모른다.

아니, 딸이 없었다면 두말없이 재건축이나 재개발을 택했을 것이다.

아니, 딸이 없었다면… 이렇게 부동산에 관심 갖지 않고 살았을 것이다.

현실은 단순하지 않다. 각자의 열망과 의지가 충돌하는 곳, 세상은 복잡계다.

9분. 내 운명이 바뀐 시간이었다. 수많은 우연과 필연이 겹쳐서, 나는 결국 도곡동이 아닌 다른 곳으로 방향을 틀었다. 어쩌면 원래부터 정해진 일이었는지도 모른다.

— 여보세요?

🏠 대치대디의 부동산 오답노트

✅ 중개수수료 협상의 골든타임

가계약금 입금 전에 부동산과 복비에 대해 협상해야 한다. 어떤 이는 복비는 깎는게 아니라고 말하기도 한다. 각자의 신념에 따라 결정하면 된다. 나에게는 복비 몇 백만 원도 큰 금액이었기에 네고를 요청했다.

가계약금을 넣는 순간부터 중개수수료 협상의 갑을 관계는 뒤바뀐다. 계약 전이라면 부동산에서도 계약 성사를 위해 협상에 적극적으로 응할 것이다.

꼭 기억하라.
"복비 협상은 가계약금 입금 전에."

제37장

모든 집에는
주인이 따로 있다

"저 지금 갈게요!"

"안녕하세요. 여기 홍진경 부동산이에요."
― (누구였더라…) 아, 네. 사장님 안녕하세요!

나는 홍진경 부동산 전화번호를 저장하지도 않았다. 예산보다 비싼 집만 계속 보여줬던 사장님을 따라다니며 강남의 문턱은 역시 높구나 생각했다. 그 사장님을 다시 보게 될 줄은 몰랐다.

"매물이 하나 나왔어요. 한번 보실래요?"
순간 머릿속에 표가 만들어졌다.

1. 갑자기 등장한 매수 후보
2. 도곡(호가 안 올림)
3. 잠실(3천 올림)
4. 개포(5천 올림)

망설일 이유가 없었다. 호가가 올라서 아예 선택지에 없었는데…. 우리가 살 수 있는 가격대?

― 저 지금 갈게요!

나는 이미 이성을 잃고 있었다. 누군가 그 매물을 채갈까 봐 불안했다. 키즈 카페에 있는 아내와 딸을 데리고 나왔다.

― 여보, 새로운 매물 하나 나왔대. 시세보다 5천만 원이 싸! 일단 빨리 출발하자!

아내는 내가 미친놈 같았다고 한다. 운전하는 중에 도곡 부동산에서 전화가 왔다.

"사장님. 주인 분 마음 바뀌기 전에 얼른 계약 진행하시죠."

― 아직 매도 금액 협의 중인데, 계약금 받는 대로 전화 드릴게요.

혹시 상황이 어찌 될지를 모르니, 도곡 물건도 잡아놨다. 전화를 끊고 운전을 하면서 아내와 무슨 대화를 했는지 정확하게 기억이 나지 않는다. 아내도 매수에 동의했던 것만이 기억 난다.

중요한 건, 우리의 의견이 일치했다는 것.

머릿속에는 무조건 계약해야겠다는 생각만 가득했다. 극도의 흥분 상태 속에서, 그동안 놓친 매물들이 머리를 스쳤다.

이번엔 놓치지 말자. 미친 짓 해야 돼. 나한테만 연락한 건 아닐 거야. 오늘 계약해야 돼.

그런데 뒷좌석의 딸이 칭얼댔다.
"아빠, 왜 오늘도 부동산이야…."
짜증이 먼저 올라왔다. "오늘만 봐줘"라고 말하려다, 꾹 삼켰다. '다음에, 다음에' 하며 미뤄온 시간이 떠올랐다. 딸의 턱에 붙은 반창고를 보며 생각을 바꿨다.
— 다람아, 그럼 할머니 집에 데려다줄게.

금방 밝아지는 다람이. 그래, 딸이 웃으면 되는 거지. 부동산이 먼저냐? 가족이 먼저지.

차를 돌려서 처가로 가 딸을 장모님에게 맡긴 후, 예정보다 조금 늦게 부동산에 도착했다. 부동산 문 앞에 서니, 오늘 여기서 매수를 하게 된다는 생각에 긴장이 됐다.

딸랑.

홍진경 부동산의 문을 열었다. 담배 냄새가 코를 찔렀다. 홍진경 사장님만 계신 게 아니었다. 한 분이 더 있었다. 강남 부동산의 왕, 터줏대감. 이경규 부동산이었다.

|*|*|*|*|*|*|

"오셨어요? 여기 이경규 부동산 사장님이 물건 소개해 주실 거예요."

무표정으로 나를 보는 경상도 사나이. 강남에서 20년 넘게 영업해 온 사장님. 홍진경 사장님은 이경규 사장님을 '아부지'라고 불렀다. 물건지 부동산이 바로 이경규 사장님이었다. 그 물건이 홍진경 사장님에게 소개가 되고 나에게 연락이 온 거였다.

집주인 - 이경규 (공동 중개) 홍진경 - 나

일단 웃으며 인사를 건넸다. 여전히 표정 변화 없이 인사를 받는 사장님에게 아이스브레이킹을 시도했다.
— 어유, 인상이 왜 이렇게 좋으세요?
"내가 뭔 인상이 좋노? 고약하게 생겼지."
안 먹히네…. 그러면… 경력 칭찬하자.

— 와, 사장님 엄청 오래 하셨나봐요. 이런 부동산이 '진짜' 부동산이잖아요?
"오래 했지."
대화 끝.

역시 남자 사장님은 아내가 맡는 게 좋겠다는 생각으로 아내에게 눈빛을 보냈다. 낯가리는 아내가 어렵게 꺼낸 말.
"저… 식사는 하셨어요?"
"이따 무야지."
2차 대화 단절.

무뚝뚝한 경상도 남자 그 자체였다. 어색해진 분위기에 홍진경 사장님이 대신 브리핑해 주셨다.

"오늘 볼 집은 지금 세입자가 있고, 다음 달에 나갈 거야. 원래 또 전세 놓으려고 했었어. 근데 갑자기 집 팔고 싶다고 연락이 왔지 뭐야. 전에 돈이 모자라다고 안타까워하던 거 생각나서 바로 전화했지! 마침 오늘 집이 비었네. 사장님이 복이 있나 봐. 자, 일단 집을 보러 갑시다!"

말 많고 친절한 홍진경 사장님과 말 없고 무뚝뚝한 이경규 사장님. 이 조합은 꽤 절묘하게 균형이 맞았다.

이경규 사장님의 카리스마 있는 모습에 잔뜩 쫀 채로 집을 봤다. 입주 초기의 상태 그대로인 기본 집이었다. 2천만 원이면 올수리가 가능한 줄 알았던 나는 그저 좋기만 했다.

그래, 애매하게 촌스러운 인테리어보다 순정이 낫지. 어차피 튜닝의 끝은 순정! 좋구만! 아주 마음에 들어!

그런데 아내가 내 소매를 끌었다.

"여보, 천장에 저거 누수 자국 아니야…?"

아내가 가리키는 천장엔 거뭇거뭇한 자국이 있었다. 곰팡이가 있었는데 닦은 듯한 얼룩.

아내의 말에 나도 천장을 유심히 바라봤다. 얼룩진 자국은 확실히 단순한 때가 아니라, 어딘가에서 물이 스며든 모습이었다. 순간 머릿속이 복잡해졌다. 이거 괜찮은 걸까? 누수 자국이 있다는 건, 예상치 못한 수리비와 분쟁의 씨앗이 될 수 있다는 걸 어딘가에서 읽은 기억이 났다. 조심스럽게 이경규 사장님께 물었다.

― 이거 혹시 예전에 누수 있었던 건가요?
이경규 사장님은 여전히 무표정한 얼굴로 잠시 천장을 올려다봤다.
"누수 같은 소리 하고 있노. 그런 거 없다!"
홍진경 사장님이 덧붙였다.
"곰팡이도 닦았고, 그 뒤로는 문제 없었대요~"

아내와 눈이 마주쳤다. 흔들리는 눈빛. 휴대폰을 꺼내 천장 사진을 찍었다. 그리고 조용히 아내에게 속삭였다.

[이상]

― 그래도 마음에 드는 집이니까, 계약서에 확실하게 특약을 넣자. '천장 누수 자국 관련 하자 발생 시, 매도인이 수리비 전액 부담' 이런 식으로 넣으면 돼. 이런 상황 아주 흔하게 발생해. 그래도 혹시 모르니 잔금 치르기 진

에 전문가 불러서 점검 한 번 더 하자.

내 말에 아내는 그제야 안심한 듯 미소를 지으며 고개를 끄덕였다.

"역시 우리 남편 정말 믿음직해요."

[현실]

— 문제 없대, 여보. 결정했어…. 오늘 이 집 계약한다….

사랑에 빠진 부동산 모태솔로의 눈에, 집의 단점은 보이질 않았다. 오직 이 집을 사야겠다는 생각만 가득했다. 연애에선 더 사랑하는 사람이 늘 을의 입장이다. 부동산 거래에 승패가 있다면, 패자는 간절한 사람일 것이고, 승자는 간절하지 않은 사람일 것이다.

난 패배했다. 물건을 보기도 전에 사기로 마음을 정한 그 순간부터.

집을 봤으니, 이제 가격을 얘기해야 할 차례였다.

📍 대치대디의 부동산 오답노트

☑ 계약 후 하자를 발견했다면

계약 후 누수 등 중대한 하자를 발견하게 되는 경우가 있다. 민법 제580조에서는 이러한 중대한 하자의 경우에는 잔금을 치른 이후에도 매도인에게 하자담보책임이 있다고 규정한다.
그런데 이러한 하자담보책임을 묻기 위해서는 아래 4가지 조건을 충족해야 한다.

1. 법적으로 문제없이 성립된 매매 계약이어야 한다.
2. 매매 계약 시점에 이미 존재하던 하자여야 한다.
3. 매수인이 계약 당시에 하자가 있다는 사실을 몰랐어야 한다.
4. 하자가 존재한다는 사실을 발견한 날로부터 6개월 이내에 손해배상 등을 청구해야 한다.

우리의 경우 매수인이 계약 당시에 하자가 있다는 사실을 알았으므로, 3번에 해당해 무효다. 혹시 매도인이 하자를 숨기고 계약할 수도 있으므로 이를 꼭 확인하자!

제38장

협상의
기술

"3천 깎아줘, 아부지."

집을 다 둘러보고 이경규 부동산으로 돌아가는 중에 얼마를 제시할지 계속 생각했다.

얼마를 불러야 하지…. 집을 백날 보러나 다녔지, 사본 적이 있어야 말이지…. 2천만 깎아달라고 해볼까…. 사장님 화내면 어쩌지…. 갑자기 안 판다고 할 수도 있잖아…. 천만 원만 깎아도 좋겠다…. 근데 천만 원 깎아달라 하면 500만 원만 깎아줄 거 같은데… 그건 좀 아쉬운데…. 2천을 얘기할까…. 아냐. 그냥 천만 원만 얘기할까….

2천? 천?

사무실까지 걸어가면서 머릿속 계산기를 두드렸다. 그런 나의 정신을 확 깨게 만드는 한마디.
"3천 깎아줘, 아부지."

우오오오오오오오오!
시원하게 얼마 깎아달라는 말이 안 나왔는데 홍진경 사장님이 대신 질러주신 거다.
사장님, 이렇게 멋진 분을 제가 몰라뵀군요….
그런 분을 저는 전화번호 저장도 안 하고….
저에게 전화까지 해 주시고… 정말 감사합니다…. 어흑.

하지만 돌아온 이경규 사장님의 반응.
"미쳤나? 깎기는 뭘 깎노!"
앗, 아아…. 역시 3천은 무리였나 봐….

"아이, 아부지~ 집이 낡았잖아~ 완전 새로 고쳐야 되던데."
"3천? 꿈도 꾸지 마라!"
"아유, 알았어. 일단 사무실 가서 얘기해! 승질부터 내고 있어, 증말."

사무실에 도착하자마자 창과 방패의 대화가 시작됐다.

깎아줘.

미쳤나.

아, 아부지 좀 깎아줘~

택도 없다!

깎아줘!

안된다켔다!

아이, 그러지 말고 아부지~

천만 원.

오…? 천만 원은 깎아주신다…? 하는 생각을 했는데 홍진경 사장님이 정색을 하셨다.

"갱상도 사나이 가오 다 디져뿌따. 남자가 천만 원이 머꼬?"

갑자기 경상도 사투리를 구사하시네…. 진짜 딸 같다. 정신을 놓고 두 분의 대화를 관전하다가 정신이 번쩍 들었다.

— 경규 사장님… 아니 아버지! 당신을 아버지라고 불러도 될까요?

"이 양반이 머라카노?"

— 삼천만 원만 깎아주십시오. 제가 돈이 없는 불효자식이라 죄송합니다!

"아, 계약 안 할라면 가라, 그냥!"

― 아부지!

"어허이! 이 싸람이 참말로 웃기는 냥반이네~ 낯짝 두껍구로~ 우리 사위보다 독하네, 이거~"

엇? 사위가 있으시다? 그 말은… 딸이 있으시다?
― 저도 딸이 있습니다, 사장님. 오늘은 같이 오질 못했네요….
"맞다. 이분 딸이 6살이야~ 사장님 손녀랑 비슷할 걸?"
홍진경 사장님이 거들었다.

"우리 똥강아지 벌써 국민학교 가뿟다."
누그러지는 이경규 사장님의 목소리. 갑자기 느껴지는 동질감에, 나 역시 딸의 아빠라는 점을 어필했다.
― 사장님, 저 여기 딸 키우기 좋다는 얘기에 바로 달려왔어요. 진짜 여기서 꼭 키우고 싶은데 돈이 모자라요…. 좀만 더 깎아주세요.
"안 돼."

전처럼 성질을 내진 않았지만, 거절의 의사는 확실했다. 한참을 지켜보던 아내가 안 되겠는지 한마디를 했다.
"사장님, 근데 아까 누수 자국이 자꾸 마음에 걸리는데… 그리고 집주인은 미국에서 언제 온대요?"

가격을 깎아야 할 합당한 이유라 생각하는 것들을 지적하자, 이경규 사장님은 손사래를 쳤다.

"하이고, 별 웃기는 소리 하고 앉았다. 됐다! 니덜한테는 내 절대 안 판다!"

[이상]

우리는 물러서지 않았다.

― 사장님, 저희가 워낙 예민해서요. 혹시라도 나중에 문제 생기면 곤란하잖아요. 진짜 누수 아니면, 그냥 특약으로 넣어주세요. 그리고 계약 체결 전에도 집주인이 입국하지 않으면 위임장이라도 받겠다는 공증을 써주세요. 안 된다면 이 계약은 못할 것 같네요. 여보, 일어나.

잠시 침묵이 흘렀다. 이경규 사장님은 여전히 자리에 앉은 채 팔짱을 끼고 우리를 번갈아 쳐다봤다. 홍진경 사장님이 분위기를 풀려고 나섰다.

"아부지~ 요즘 젊은 사람들은 다 꼼꼼하게 하더라구요. 괜히 나중에 분쟁 생기면 서로 피곤하잖아요. 특약 한 줄 넣어주면 깔끔하지~"

"그래도 안 돼!"

나는 자리를 팍 박차고 일어났다.

"아이, 또 왜 그래! 일단 앉아보소!"

못 이기는 척 자리에 앉으며 말한다.

― 그럼 특약 넣고, 2천만 원 더 깎아주세요.

"아이고, 마! 알겠심더! 다 맞춰드릴낍니더! 제발 계약 한 번 해주이소!"

― 그리고 승질머리 좀 고치세요!

"아이고예. 내가 다 잘못했심더. 참말로 미안합니더."

슥슥(계약서 사인하는 소리).

[현실]

― 아, 그래요…? 역시 누수는 아니겠죠…? 네…. 집주인도 뭐, 금방 한국 오겠죠…?

"문제 없다 켔제. 니 계속 토 달끼가?"

그래, 그렇다는데…. 누수 없었겠지…. 집주인도 계약일에는 귀국하겠지…. 이민 간 것도 아니고…. 믿음으로 가는 거지, 뭐….

홍진경 사장님이 없었다면 우리는 홀린 듯이 계약을 했을 거다. 하지만 홍진경 사장님은 왠지 모르게 이경규 사장님을 끝까지 이겨먹으려는 딸 같았다.

"아이고 증말~ 아부지 성격 좀 죽여. 모르면 불안할 수도 있지. 왜 이렇게 화를 내실까? 암튼 그럼 2천이라도 깎아줘."
"야야! 하지 마라! 기다리는 손님 천지다! 안 판다!"
아앗…. 경규 사장님 잠시만요. 아니, 제 말은 그게 아니고, 그럼 그냥 천만 원만 네고해서는 계약하실 거죠…? 안 돼, 떠나가지 마라… 내 사랑아…. 가지 마라….

"그라모 지금 계약해라, 마!"
이경규 사장님은 계속 우리를 압박했다. 타고난 성질머리로 계약까지 밀어부치기, 그게 그분의 영업 방식이었다. 부동산 안의 우리는 모두 지쳐가고 있었다.
불안했다. 이게 맞는 건가? 이렇게 우당탕탕 계약을 하는 건가. 혼란한 와중에 이순재 사장님에게 전화가 왔다.

"매수는 어떻게 되고 있나요? 지금 기다리고 있어요."
일단 기다려 주세요…. 계좌 줘도 될까? 괜찮겠지? 모든 게 처음인 부동산 모태솔로는 그 상황에서 도망치고 싶었다.

하지만…

그렇다고 이 기회를 놓치는 건 더 싫었다. 부동산에 앉아 있는 시간이 길어질수록 여러 가지 생각들이 떠올랐다가 사라졌다. 판단은 점점 흐려졌다.

또 도망이냐…. 넌 늘 그런 식이지….

누수 아니라잖아…. 나중에 수리하면 되는 거 아냐…. 낡아서 싸게 나왔잖아….

집주인이 지금 미국에 있어서 시세 잘 몰라서 싸게 나온 거잖아…. 지금 다른 물건은 5천만 원이 더 비싸…. 아니지…. 천만 원 깎았으니까 6천만 원이 더 비싸….

너 그 돈 있냐? 없잖아….

피하지 마.

도망치지 마.

마음을 굳혀가고 있었다. 그때 휴대폰이 울렸다.

위이잉.

천만 원, 그 전화는 천만 원짜리였다.

제39장

갈아타기 미션, 클리어

"계약금 보낼게요."

— 여보세요?

장모님의 전화였다.

"다람이가 엄마 아빠 보러 가겠대. 데리고 그쪽에 가고 있어. 부동산이 어디야?"

— 여기 이경규 부동산이에요. 다람이 와도 심심할 텐데요.

"일단 갈게. 밖에서 기다리든지."

딸이랑 사위가 집을 매수한다고 하니 걱정이 되신 건지, 아니면 다람이가 투정 부리니 혼자 보는 게 힘드셨는지는 정확히 모르겠다. 아무래도 우리 부부의 매수가 불안하셨던 것 같다.

통화를 마치자, 부동산 문을 열고 누군가 들어왔다.

"하이고마, 되다 돼! 오늘 하루 겁나 되다, 참말로!"

또 다른 경상도 억양이 강하게 울려 퍼졌다. 이경규 사장님의 아내분, 이수지 사장님이었다.

"아아~ 거기 그 물건 계약하러 오신 분들인가 보다~ 내가 여기 바지사장이야~ 우리 경규 사장님이 진짜고. 홍홍홍~ 우리 젊은 부부가 왔네~ 참 예쁘네~ 좋은 집 잡으셨네~ 이런 거 싸게 사면 좋아."

친절하면서도 큰 목소리는 순식간에 분위기를 휘어잡았다. 또 다른 사장님의 환영 속에서 우리는 누구도 선뜻 대답하지 못했다.

"아잇, 이 분위기 뭐야? 아직 계약 안 했어~? 왜? 무슨 일인데? 뭐 땜에~?"

홍진경 사장님은 이 상황을 설명했다. 누수 걱정, 집주인 입국 시점, 계약 문제, 가장 중요한 가격의 동상이몽.

"하지 마 그럼!!!!!!"

우리에겐 절대로 안 팔겠다고 마음을 정한 듯, 이경규 사장님이 소리를 쳤다. 그러자 이수지 사장님이 경상도 사나이의 기를 눌렸다.

"여기 지금 손님들 계신데 뭐 하는 거야? 진정 좀 해봐요?"

이수지 사장님은 사람을 구슬릴 줄 아는 분이었다. 이경규 사장님이 채찍이라면, 옆에서 당근을 주는 역할. 두 분은 그렇게 합을 맞추면서 강남에서 오랜 시간 살아남으신 것 같다. 이수지 사장님은 바지사장이 아니라 실세였다. 손을 휘저으며 말을 이었다.

"지금 관리사무소 전화해서 확인해 줄게. 어! 여버세여~ 소장님~ 아, 여기 이갱규 부동산인데~ 그 집 누수 없었지예? 그치예? 아니~ 여기 손님들 왔는데 자꾸 불안해 안카노~? 어어, 그쟈. 문제 없었제."

"예~ 아무 문제 없습니다."

스피커 폰으로 관리소장의 음성을 들으며, 우리 부부의 불안은 점점 사그라들었다. 사그라든 불안은 점점 확신으로 바뀌기 시작했다.

오… 걱정할 필요 없겠구나….

그래! 계약하자!

문제 없겠지! 관리사무소에서도 확인해 줬는데, 뭐! 이렇게까지 하는데 특약까지 넣을 필요 없지, 뭐!

약간 대책 없는 낙관주의? 행복 회로? 그것도 아니면 그냥 운명이었을까.

─ 그럼 일단 저희 집 매수인이 기다리고 있으니까 그쪽에 계좌 넘길게요.

계좌번호를 이순재 사장님에게 넘겼다. 그리고 천만 원 네고한 가격에 그대로 계약할 생각이었다. 그들이 오지 않았다면 말이다.

내 인생의 진짜 귀인들.

딸랑.

부동산 문을 열고 다람이와 장모님이 들어왔다. 우리 부부의 지원군이었다. 기 센 부동산 사장님들 사이에서 지쳐가던 우리 부부는 장모님과 다람이가 너무 반가웠다. 다람이는 양갈래 머리를 흔들며 "아빠~!" 하며 달려와 안겼다. 꼬마의 해맑은 모습에 현장의 분위기가 순식간에 부드러워졌다.

이제 계약을 할 것 같아서였을까. 아니면 6살 여자아이가 들어와서였을까. 줄곧 성질만 내던 이경규 사장님의 표정이 달라졌다.

"그럼 계약할 거제? 아가~ 여기 사탕 무라."

훨씬 누그러진 목소리. 절대 타협하지 않을 것 같던 경상도 사나이는, 어느새 손녀를 둔 할아버지의 모습으로 변해 있었다.

좋아, 그렇다면… 다람이한테 한번 시켜볼까….

― 천만 원만 더 깎아주세요. 그럼 진짜 계약할게요. 다람아, 사장님한테 좀 깎아달라고 얘기해~

다람이의 몸을 이경규 사장님 앞으로 스윽 밀며 마지막 네고를 요청했다. 하지만 내 모습에 화를 내는 사장님.
"아이고, 기가 찬다! 니 얼라 데꼬 뭐 하노?"
늘 불같은 남편의 모습에 화가 나는 또 다른 사장님.
"마, 승질 좀 죽이소!"

화는 또 다른 화를 부르고, 분위기는 순식간에 다시 험악해졌다. 그 순간.

뿌에에에에에에에엥.
다람이가 울기 시작했다.

| * | * | * | * | * |

현장에 있는 모두가 당황했다. 그 중에서 가장 당황한 사람은, 어린아이를 울린 이경규 사장님이었다.
강남 한복판에서 부동산 경력만 20년이 넘는 경상도 사나이, 딸을 가진 아버지이고, 그 딸이 낳은 또 다른 딸이 있는 할아버지는 처음 본 여자아이를 달래기 시작했다.

"아이고~ 마, 얼라 우나…. 저기 롤케이끼 있는데 주까? 봐라 봐라~ 할아버지 얼굴 봐라, 웃기제?"

영문도 모르고 또 다시 부동산에 끌려온 아이는, 호통을 쳤다가 재롱을 피우는 사장님의 돌변한 모습에 더욱 서럽게 울었다. 모두가 정신이 없는 와중, 그나마 정신을 차린 건 홍진경 사장님이었다.

"으이구, 아부지는 증말 애를 울리고 그래. 자, 그러면 총 2천 깎는 걸로 하고 계약 진행하시죠."

"하이고~ 마 진경아. 이 젊은 부부들 어서 데려왔노? 하여간에 진짜 독하데이. 당신이 얼라 울렸으니까 고마 그렇게 합시데이, 그라본. 여보노 알겠세! 이제 진짜 끝!"

4시간에 걸친 협상의 끝은 전혀 예상하지 못한 방식으로 찾아왔다. 지루한 협상을 끝낸 건, 아니 60살 경상도 사나이의 고집을 꺾은 건, 6살 다람이였다. 갈아타기를 마음 먹은 것도, 갈아타기를 끝낸 것도 모두 딸 덕분이었다.

"알았다, 알았다…!"

오오오오!
거기서 더 깎아준다고…? 이게 된다고…?

그동안 알아보던 잠실, 개포, 잠원의 시세가 머릿속에 스쳐갔다. 이 가격이면 정말 메리트 있다는 확신이 들었다.
이 가격에 강남구 주민이 된다? 가야지, 사야지, 무조건이지. 아내도 아주 만족한 얼굴이었다.

─ 여보, 가자.
끄덕.
─ 네. 계약금 보낼게요.

그때부터는 별다른 생각이 없었던 것 같다. 내 머릿속에는 오직 얼른 계약금을 보내야겠다는 생각뿐이었다. 때마침 이수지 사장님에게 전화도 왔다.
"어, 그 물건 지금 계약 중이에요. 아쉬워서 우짜꼬? 내가 또 다른 물건 나오면 알려줄게."

그 통화를 들으면서, 떨리는 손으로 계약금 일부인 3천만 원을 송금했다.

나의 첫 매수였다.

8시 15분 매도
8시 40분 매수
갈아타기 완료

수개월에 걸친 갈아타기 미션,
클리어.

"입금 확인했어요. 고생하셨어요."

그 뒤로는 어떻게 대화를 마무리하고 나왔는지 정확히 기억나지 않는다. 남은 절차들에 대해서 얘기했던 것 같은데, 도파민이 내 몸에 가득했다.

극도의, 완벽한, 순도 100%의 행복.

부동산을 나와 아내와 함께 그 순간을 즐겼다. 행복했다. 아니? 행복이라는 표현은 맞지 않는다. 성취감. 그건 성취감이었다. 죽도록 노력해서 얻은 성과였다.

내가 드디어 해냈구나. 아니, 우리가 해냈어. 여보.

드디어 우리가, 우리가 드디어, 해냈다고!

와 우리 완전 포기했었는데 진짜 대박이다 그 타이밍에 어떻게 딱 연락이 오냐 진짜 대박이다 드디어 갈아타긴 하는구나 진짜 대박이다 인테리어는 어떻게 할까 근데 진짜 대박이다 다람이 유치원은 어디로 가야 되나 근데 진짜 대박이다 시세보다 확실히 싸게 산 건 맞는 거 같다 근데 진짜 대박이다 집도 다 인연이 있는 건가 봐 근데 진짜 대박이다

그날만큼은 누구도 부럽지 않았다. 승전보를 어디든 전하고 자랑하고 싶었다. 이순재 사장님께 전화해서 고생하셨다고 말씀드렸다. 부모님에게도 전화했다. 축하를 받았다.

집에 돌아와도 흥분은 가시질 않았다. 아내와 맥주를 마시며, 운수 좋은 하루를 복기하며, 승리의 달콤함을 안주 삼아 취했다. 수개월에 걸친 갈아타기 기간 중 가장 행복했던 날이었다. 잔금까지 또 다른 험난한 과정이 기다리는 줄도 모르고, 그렇게 뜨거웠던 밤이 지나고 있었다.

대치대디의 부동산 오답노트

✓ 집 산 사람들의 공통적인 후회

"더 비싼 거, 더 좋은 거 살 걸."

딸이 입던 옷은 일 년만 지나도 더 이상 맞지 않는다. 옷을 살 때는 커 보이지만, 시간이 지나면서 몸이 커져 맞지 않게 되는 것이다. 이처럼 인플레이션으로 인해 내 소득도 점점 커지게 된다.

사람 인생은 길어 보이지만 부동산 갈아타기를 할 수 있는 시기는 길지 않다. 경제활동 시기는 30~50대의 약 20년 정도. 그중에 소득이 늘어나는 시기는 더 짧다.

그러니 무리하지 않는 선에서 가장 비싼 지역의 매물을 싸게 사는 것이 후회를 줄이는 길이다. 감당 가능한 정도의 대출은, 더 열심히 살게 하는 동력이 된다.

"세탁실에서…
무슨 소리 나는데?"
"지금 아들 찾아와서
계약 파기하겠다고 난리다,
난리!"
"2억 정도는 깎아주셔야…."
"부자 되세요."

3부.

최종 보스전

"네 선택에 책임을 져라"

: 계약부터 입주 완료까지

제40장

끝날 때까지
끝난 게 아니다

"세탁실에서… 무슨 소리 나는데?"

연진아, 나 지금 되게 신나.

나 너무 신나! 10년 동안 이렇게 신나는 출근길이 있었나? 게다가 오늘 불금이네!

사무실에 앉아 이틀 연차 동안 밀린 업무를 했다. 박 팀장이 기다렸다는 듯 업무들을 던졌다.

박 팀장! 박연진 팀장! 연진아! 너 왜 이렇게 나한테 일을 주냐!

연진아, 일 더 줘~ 내가 다 처리해 줄게~ 나 어제부터 계속 신나. 너만 강남 사람이냐? 나도 강남 간다, 이거야. 나도 갈아탔다, 이 말이야.

메일을 날리고, 보고서를 정리하고, 결재를 올렸다.

행복하게 업무를 마무리하고 퇴근했다. 갈아타기를 완수한 다음날, 금요일 퇴근길이었다. 아내와 인테리어 사진들을 공유하며 집을 꾸밀 생각에 설렜다. 셀인? 반셀프? 턴키? 이게 다 뭔 말이람…. 아, 몰라. 그냥 기분이 좋다!

승리감에 취해 있는데 부동산에서 전화가 왔다. 이경규 부동산 옆의 양심 부동산 사장님이었다. 나에게 3번이 넘게 매물을 보여주셨던 사장님.

"안녕하세요~ 매물 하나 소개해 드리려고 전화했어요."

늘 열정을 다해서 매물을 소개해 주셨는데 다른 부동산에서 계약을 했다. 죄송한 마음이 들었다.

― 아이고 사장님, 죄송해요…. 어제 집 팔고, 매수 계약금 넣었어요.

"아~ 그러셨어요? 정말 잘됐네요!"

― 열심히 소개해 주셨는데 다른 데서 계약해서 죄송해요.

"아이구, 뭘요. 잘하셨어요. 동시 매도 매수하기 힘든데, 정말 축하드려요."

사장님의 축하에 설레는 감정을 숨길 수 없었다. 친구들에게 자랑할 수도 없고, 누구에게든 자랑은 하고 싶은 상태에서 받은 축하였다.

"근데 어디 사셨어요?"

― 제가 말이죠, 사실은… 두구두구두구…. 짜잔! 네, 거기요. 강남구요. 강남 매물 요즘 귀하잖아요? 게다가 동시 매도 매수, 동시 갈아타기! 그 어려운 일을 제가 해내고 말았지 뭡니까?

"우와, 얼마에 사셨어요?"

― 아하하하, 이것 참 비밀인데…. 사장님에게만 말씀드릴게요! 놀라지 마세요. 시세보다 무려 7천을 싸게 샀습니다! 저도 이제 부동산 고수가 되어버린 것 아닐까요? 하하하, 이런, 참~

사장님의 축하에 어제의 일을 무용담처럼 쏟아냈다. 모태솔로가 처음 시작한 연애의 설렘을 친구들에게 자랑하는 모습과 다르지 않았다.

"와, 정말 싸게 잘 사셨네요! 축하드려요! 다음에는 저희랑 꼭 계약해요."

덕담을 해주시며 통화를 마무리하는 사장님이 무척 고마웠다. 이게 강남 인심인가. 훈훈하다. 다음엔 진짜 꼭 이 사장님이랑 거래해야지.

집에 도착해서 아내와 인테리어를 알아봤다. 우리 부부는 설렜다. 그렇게 고생했는데, 고생 끝에 낙이 오는구나. 역시 인생은 고진감래잖아. 인테리어 업체들을 리스트업하고 견적 요청을 보냈다. 응대가 빠른 업체에서 답 메일이 왔다.

25평 아파트 예상 견적서
총 견적: 9,000만 원(VAT 별도)

응? 9천? 잠깐만. 9천만 원이라니요…? 장난이죠? 부가세 포함하면 1억이잖아요?

네네. 고갱님~ 장난 아닙니다.
코로나 이후에 자재비, 인건비가 엄청 올랐어요.

게다가 구축이잖아요? 발코니 확장한다면서요? 창호도 교체한다면서요? 시스템 에어컨도 한다면서요?

9천만 원(VAT 별도) 맞습니다.

인테리어 비용이 몇 년 동안 크게 올랐다는 뉴스를 봤던 기억이 났다. 그때는 그렇구나~ 하고 말았는데, 내 일이 되고 보니 아아… 그렇구나! 느낌이었다. 그럼 대출을 더 받아야 하나. 어제 기를 쓰고 2천만 원 깎았는데 왜 예산에서 또 9천만 원이 더 들어가냐…. 대출 더 나올지 물어봐야겠네. 시스템 에어컨 설치하고 싶었는데….

그래도 인테리어 구상은 꿈만 같은 일이었다. 우리가 인테리어 고민을 하는 날이 오긴 올까 했던 시간이 있었는데, 인테리어 고민을 하고 있다니. 머리가 아프면서도 감사했다. 인테리어 업체를 만나고 온 날이었다. 다람이 방을 어떻게 꾸며줄지 아내와 대화를 나누던 날 저녁.

― 침대는 여기. 책장은 창가 쪽?
"아니, 침대는 해 안 드는 데 두고…."

똑.
작은 소리가 거실에 울렸다. 잘못 들은 줄 알았다.
아니 어쩌면 못 들은 척했는지도 모른다.

"아빠."
— 응?
"세탁실에서… 무슨 소리 나는데?"

똑.
똑 똑.
세탁실 쪽을 바라봤다. 조용히, 아주 조용히 발을 옮겼다.
가까워지는 소리는 리듬을 만들었다. 소리의 템포는 점점 빨라졌다.

똑 똑 똑.
떨어지고 있었다. 세탁실 천장에서 물이.
떨어지고 있었다. 내 심장이.

그러니까,
끝날 때까지 끝난 게 아니었다.

🏠 대치대디의 부동산 오답노트

✓ 부동산 대출과 정부 규제

부동산 시장이 오르면 다양한 규제들이 쏟아진다. 2025년에도 6.27 가계부채 종합대책이 발표되었다. 갈아타기를 준비하고 있다면 규제책에도 항상 정신을 똑바로 차리고 있어야 한다.

그동안 발표되었던 대표적인 규제 몇 가지만 살펴보자.

	8·2 대책 (2017)	12·16 대책 (2019)	6·27 대책 (2025)
대출 규제	LTV·DTI 40%로 하향, 조정지역 신규 주담대 제한	9억~15억 LTV 20%로 축소 15억 초과 주담대 금지	수도권·규제지역 주담대 최대 6억 한도, 다주택자 주담대 금지
전세 대출 규제	조정지역 내 다주택자 전세대출 제한	9억 이상 보유자 전세대출 보증 불가, 갭투자 목적 회수	전세대출·신용대출 규제 (보증비율 축소 등)
실거주 의무	-	1년 내 전입·기존주택 처분 요건 강화	주담대 실행 6개월 내 전입 의무

제41장

쌓은 업보는
누수로 돌아오고

"니 제정신이가!!!!!!!!!!"

몰래카메라인가? 천장을 올려다보며 혼잣말을 했다. 누수라니? 그러니까 누수 아니냐고 따졌던 집이, 우리가 산 집이 아니고, 우리가 사는 집 얘기였구나? 어허허허허허. 이거 진짜 실화냐. 이게 말이 되냐. 진짜 이게 말이 되냐고. 자업자득인가? 경규 사장님한테 누수 아니냐고 따졌던 게 우리 집의 누수로 돌아오는 업보인 건가?

모른 척할 수도 없는 일이었다. 너무도 분명하게 물방울이 떨어지고 있었다. 관리사무소에 전화를 했다.

— 저 집 팔았는데 누수 실화인가요?

"네, 고갱님. 실화입니다. 그러니까 누가 그렇게 이 악물고 집을 팔래요?"

저 집 팔고 이사 가고 나서 누수가 되든가…. 아니면 그 전에 누수가 되든가…. 둘 중 하나 타이밍 잡는 게 그렇게 어렵습니까? 왜 하필 계약금 넣고 누수가 되는 거예요. 아악!

쉽게 가는 게 하나도 없었다. 원래 이렇게 힘든 건지, 나만 유난히 꼬이는 건지… 머리가 아팠다.

관리사무소의 답변은 이랬다.

"일단 현장에 가서 누수의 원인을 파악해 보겠다."

누수의 원인이 나의 관리 부실이라면 내가 배상하고 고쳐야 하고, 시공사의 공사 부실이라면 시공사가 배상해 주겠다는 말.

그렇다면…. 건설사가 인정을 해주겠어? 인정을 해줄 리가 있냔 말이야. 막말로 '응~ 관리 부실 네 탓~' 해버리면 내가 거기서 반박을 할 수가 있냔 말이야…. 누수 수리비 얼마지? 헉, 300만 원. 배관 교체하는 경우에는 500만 원 이상? 내 한 달 월급이 그것보다 적은데?

연차를 냈다. 시공사 직원이 제대로 검사하는지 옆에서 지켜볼 생각이었다. 내가 옆에서 본다고 해도 딱히 체크할 수 있는 건 아니었지만 직접 물어보며 원인과 수리 비용을 알고 싶었다.

직원은 누수 부위를 살피고 습도계, 열화상 카메라, 누수 탐지기를 꺼내 들이댔다. 기계가 삐삐 소리를 내며 울렸다. 도면을 펼쳐 살폈다. 사진을 찍었다.

꿀꺽.
저, 우리 고덕이가 많이 아픈가요…?
자꾸 콧물을 훌쩍거려요…. 어디가 얼마나 아픈 건가요…? 그냥 감기겠죠? 결혼식 날까지 잡았는데… 아파서 우째요…?

"아이고, 얘 우째요. 고덕이… 아파서 시집을 못 가겠네….."
— 예?
"농담이고요, 감기입니다. 위층에 크랙이 있네요. 시공사 잘못이니까 치료비는 저희가 부담하겠습니다."
— 와, 그럼 우리 고덕이 결혼시켜도 되겠지요? 감사합니다. 감사합니다!

며칠 뒤 시공사는 누수 원인을 해결하고 보수 공사를 했다. 아무 문제 없이 깔끔하게 해결된 누수 부위를 보며 "감사합니다"를 연발했다. 잘 해결됐다는 것에 감사하며, 다만 이것이 마지막 위기이길 바랄 뿐이었다.

다음날 아침, 이경규 부동산에서 전화가 왔다.

아침 일찍부터 출근하셨나 보네…. 집주인 언제 입국하는지 확인하셨나 보다.

— 여보세요?

"니 제정신이가!!!!!!!!!!!"

제42장

계약
파기

**"지금 찾아와서 계약 파기하겠다고
난리다, 난리!"**

뭐지? 아직 꿈인가?

나는 왜 맨날 부동산 사장님들한테 혼이 나냐…. 내가 얼마나 만만한 거냐, 대체….

"니 우리 거래한 거 딴 부동산에 다 불었제?"
― 예? 어… 에에?

"아직 계약금도 다 안 넣었는데, 니 뭐하는 짓이고?"
― 아…. 어제 그… 양심 부동산에서 전화가 와서요…. 그… 계약했다고…. 말을 하긴 했어요. 왜… 왜요?

"양심 부동산? 그 새끼 또 물건 뺏어갈라고 작업했나 보네! 거기서 집주인 아들한테, 1억 더 비싸게 팔아준다꼬 계약 깨라 캤다. 지금 아들 찾아와서 계약 파기하겠다고 난리다, 난리!"

— 네? 아니… 잠깐만요.

흥분하자 더 심해진 사투리 억양 속에서도 하나는 확실하게 들렸다. 계약 파기.

"니 딴 부동산에서 오는 연락 받지도 말고 하지도 마라, 알았나? 양심 부동산에도 니 따지지 말고 가만히 있으래이. 알긋나! 내가 진짜 돌아뿐다, 끊어라!"

계약 파기? 이거 꿈 아냐? 진짜 현실인가? 이게 무슨 일이냐 대체…. 도대체 무슨 일이지…. 여보, 나 일단 부동산 가볼게…. 계약 파기라니요….

손이 덜덜덜 떨렸다. 옷을 주워 입고 택시를 탔다. 세수도 양치도 안 했을 거다. 기사님, 빨리 가주세요. 빨리요…. 지금 응급 상황이에요…. 심정지 올 거 같단 말이에요…. 아니, 그렇다고 응급실로는 가지 마시고… 부동산으로 가주세요…. 눈물 날 거 같아요…. 만약에 파기되면 어디를 사야 돼요…? 도곡 매뉼 아식 있나…? 전화해 볼까…? 도곡 시장님… 왜 전화를 안 받으세요…. 저 차단하셨어요…? 아아, 안 돼…. 잠실은 호가가 더 올랐겠지…? 기사님 빨리 가주세요오오오오오오!

단숨에 도착한 이경규 부동산, 문을 열기가 무서웠다. 하지만 열어야 했다.

딸랑.

문에 달린 종에서 나는 소리가 머릿속에 땡 하고 울렸다. 뿌연 연기만 가득한 사무실에는, 얼굴이 벌개진 이경규 사장님이 줄담배를 태우고 있었다.

"니 진짜 뭔 정신이고?"
— 예…. 아부지…. 죄송합니더….
"니 계약금, 중도금이 뭔지는 아나?"
— 계약금은 계약할 때 넣는 돈…. 중도금은 계약 중간에 넣는 돈… 아인교….
"학씨! 니는 진짜…. 마! 계약금은 언제든지 내주고 계약 파기할 수 있는거 니 모리나? 지금 니 계약금도 안 넣고 가계약금만 넣은 거 알제? 3천 받은 거 6천 내주면 계약 파기할 수 있단 말이다!"
— 아… 몰랐심더….
"중도금이 젤 중요하다. 알긋나. 중도금 들어가믄 니 집이고, 그 전까지는 니 집 아니데이. 알았나?"

— 예….

"지금 우리 집사람이 그 아들 설득하러 갔다 아이가. 니 절대로 다른 부동산이랑 연락하지 말고 기다리래이. 마, 집에 가라!"

당장 양심 부동산에 전화해서 따지고 싶었다. 사장님, 아니죠? 아니 저한테 덕담해 주시던 그 사장님께서 이렇게 뒤통수를 치다니요…. 아니잖아요, 사장님…. 양심 부동산이라면서요…. 그냥 집주인 아들이 갑자기 1억 더 받고 팔고 싶은 마음이 든 거죠? 근데… 님 도대체 양심 어디 가셨어요? 저한테 덕담하던 거 다 구라였어요? 어허허허헝. 인생은 실전이네, 실전이야. 난 이제 아무도 믿지 않을 거야!

갈아타기 계약 날에도 온몸이 아팠는데, 이번엔 야구 배트로 온몸을 두드려 맞은 듯했다. 집으로 돌아가는 길에 또 택시를 탈 수밖에 없었다. 택시를 탈 자격도 없었지만, 도저히 다리에 힘을 주어 걸을 수가 없었다.

이경규 사장님의 지시를 아내에게 전달하고, 멍하게 하루를 보냈다. 계약 파기한다는 전화가 올까 봐 마음을 졸이며 핸드폰을 손에서 놓지 못했다.

그날 핸드폰은 울리지 않았다.

📍 대치대디의 부동산 오답노트

✓ 계약금, 중도금, 잔금

집을 살 때 매매 대금은 세 번에 나누어 보낸다(가계약금까지 합하면 네 번). 바로 계약금, 중도금, 잔금이다.

계약금은 계약할 때 보내고, 중도금은 중간에 적당한 날짜를 정해 보내고, 잔금은 집을 인수받을 때(보통 이삿날) 보낸다.

계약금만 보낸 경우에는 상대편에서 그 2배를 배상(배액 배상)해주면 계약을 취소할 수 있다. 하지만 중도금을 보낸 이후에는 일반적으로 계약 취소가 불가능하다.

많은 사람들이 부동산 거래에서 '가계약금'이라는 말을 쓰지만, 실제로는 법률상 공식 용어가 아니라 '계약금 중 일부'를 편하게 부르는 일상적 표현에 가깝다. 이 집을 사겠다는 의지를 표명하기 위해 가계약금을 먼저 보낸 후 계약을 진행하는 경우가 일반적이다.

예를 들어 계약금이 5000만원이라면 가계약금으로 500만원을 먼저 보낸 뒤 계약일에 가계약금 500만원을 제외한 나머지 계약금 4500만원을 보내는 식이다.

구분	비율	특징	효력
가계약금	협의	계약할 의사를 보여주는 단계	계약서 작성 전 매매 의사 표현
계약금	10%	계약 파기 시 위약금 발생	매수자: 계약금 포기 매도자: 2배 반환
중도금	40~50%	일방적 계약 해제권 소멸	사실상 해지 불가능 (소송 외에는 불가)
잔금	40~50%	명의 이전·입주 등 거래 완료	해지 불가능(계약 완결)

제43장

잔금까지 긴장 놓지 마

"저 진짜 착하게 살게요!"

경규 사장님에게 연락이 오지 않는 토요일과 일요일을 지나, 월요일이 왔다. 평소의 월요병이 감기 정도였다면, 그 날의 월요병은 당장 중증외상센터라도 찾아야 할 정도였다. 다크서클이 무릎까지 내려온 얼굴로 출근을 했다.

"과장님, 계약서 확인 좀…."
― 뭐? 계약 파기 됐다고? 그럴 리가 없는데?
"무슨 말씀이세요. 오늘 계약서 1차 확인하고, 법무팀에 검토 넘기기로 했잖아요."
― 아, 맞네. 신사업 계약서 말하는 거였구나…. 미안.
(지금 내 머릿속에 계약은 부동산 계약뿐이라서 밀이야….)

계약 파기는 안 돼. 그럴 리가 없어. 계약된 거 다른 부동산에 얘기 좀 했다고 그걸 파기한다는 게 말이 돼? 나 진짜 고소할 거야. 법적 대응 간다. 김앤장 변호사들 싹다 소집한다. 사람 잘못 건드렸어! 내가 뭘 그렇게 잘못했다고!

하, 근데 진짜 파기되면 어떡하지…. 도곡 매물도 벌써 팔렸다는데…. 나 진짜 어떡해…. 이놈의 주둥이…. 아… 시간을 돌릴 수 없을까….

6시가 다 되어가도록 연락은 오지 않았다.

오늘 퇴근하고 잠원 쪽이라도 가봐야겠다. 거기 소단지는 아직 매물 있을지도 몰라….

퇴근을 하고, 잠원으로 가는 3호선을 탔다. 회사에서 조금 많이 걸어야 하긴 하지만, 3호선 타면 잠원역으로 쭉 가니까 잠원 소단지 오히려 좋아! 그래. 거기서 원베일리 목표로 열심히 살지 뭐.

위이이잉.
그때 도착한 문자 한 통.
발신자는 홍진경 사장님.

왜 홍진경 사장님이지? 이경규 사장님이 전화로 호통을 치면서 니 죽을래 살래 하다가 아무튼 다 해결됐다고 경상도

츤데레 화법으로 마무리하셔야 하는 거 아닌가? 왜 문자가 왔지? 전화로 말씀하시기 미안한 상황인가…?

설마… 계약 파기인가, 정말?

손이 떨렸다. 결과를 확인하기 무서웠다.

"쫄았쥬? 계약 파기 안 함. 그대로 진행."

오오오오오오오오, 신이시여…!

사장님에게 바로 전화를 걸었다.

ㅡ 사장님! 진짜죠? 진짜 그대로 가는 거죠?

"으이그! 내가 진짜 못 산다. 주말 동안 난리도 아니었어. 이경규 사장님한테 얼마나 혼났는 줄 알아?"

ㅡ 사장님 정말 감사합니다! 저 진짜 착하게 살게요! 저 며칠 동안… 어흐흐흐흑….

"아무튼 잘 해결됐으니까 계약서 얼른 쓰자. 매도 계약은 했어요?"

ㅡ 아니요. 아직이요…. 이거 파기 안된 거 확인하고 계약하려고 했죠. 어흑. 중도금 잔금 일정 확인해서 연락드릴게요.

통화를 마치자 온몸에서 힘이 빠져나갔다. 그대로 주저앉을 뻔한 몸을 간신히 지하철 한켠에 기댔다. 잔금까지는 100일 성노가 남았을 때였나. 아직 넌 시간이있다.

🏠 대치대디의 부동산 오답노트

✓ 한눈에 보는 부동산 계약 절차

단계	주요 내용	체크 포인트
1. 매물 탐색	현장 방문, 등기부등본 확인	하자·저당·압류 등 꼼꼼히 확인
2. 조건 협의	가격, 일정, 옵션 등	중개수수료, 특약사항 사전 확인
3. 계약 체결	계약서 작성·계약금 납부	계약금 송금, 신분증 필수
4. 잔금 및 준비	등기 변동·잔금·중도금 준비	대출 가능 여부, 추가 하자 점검
5. 입주	잔금 지급·등기 이전·열쇠 인수	법무사 동행, 정산서류 필수
6. 마무리	전입 신고	보증금 보호, 관리비 정산

※ 법무사나 대출 상담사는 부동산에서 소개하는 사람에게 그냥 맡기기보다는 발품을 팔고 가격을 비교해 보는 편이 좋다.

제44장

갈아타기는
또 다른
갈아타기를 낳고

"…너 제정신이냐?"

"안 돼요."

― 예? 뭐가 또 안 돼요. 왜 다 안 된대….

"그 일정에는 어렵대요. 거기도 갈아타는 거라서, 잔금은 빠르게는 어렵다고 하네요."

일정을 맞출 수 있다고 "아, 네넵" 하던 사람들의 말이 "어쩌라고?"로 바뀐 건 계좌를 넘겨준 후였다. 이렇게 태도가 바뀔 줄 알았으면 그렇게 쉽게 계좌를 넘기지 않았을 텐데, 하는 후회가 들었다. 그렇게 하루 종일 가격 협상을 하다가 1원도 깎아주지 않고 매도를 했는데도 아쉬움이 남았다.

잔금을 빨리 받고 강남 집의 등기도 빠르게 마무리하고 싶었다. 하지만 그건 어디까지나 우리 사정이었다. 매도는 또 다른 매수로 이어지고, 그 매수는 다시 또 다른 매수로 연결됐다. 3개의 계약이 정교한 톱니바퀴처럼 맞물려 돌아가야 했다. 문제는 그 바퀴의 모양이 제각각이라는 점이었다. 우리 집 매수자와 일정과 금액을 대략 정하고, 홍진경 부동산에 공유를 했다.

— 사장님, 중도금하고 잔금은 이때쯤 어떨까요? 집주인 분은 언제 한국에 오신대요?
"집주인 분 따님이 미국에서 출산을 하셔서 손주 봐주고 계신 거래요. 계약 날에는 안 되고, 잔금 때나 오실 거 같아요."
— 그럼 계약서 쓰는 날엔 그 아들이 대신 나오나요?
"네. 일단 그런다고 하네요."

통화를 끊고 차분히 일정을 정리했다. 흠, 그럼 이때 중도금을 넣고, 최대한 빨리 잔금을 치르는 걸로 해야겠군. 그 아들이 나온다고? 분위기 진짜 어색하고 이상하겠네. 아, 그냥 전자계약 하면 안 되나…. 하, 아무튼 상황이 마무리 됐으니 다행이네. 좋아. 나 한층 성장했다. 이렇게 하나씩 하나씩 해결하면 되는 거야.

아버지에게 전화를 했다. 현재 상황을 말씀드렸다. 아버지, 제가 이렇게 성장하고 있습니다. 저도 이제 어엿한 가장이 되어버린 것 아닐까요? 하하하. 계약서 쓰면 이제 좀 마음이 놓일 것 같네요.

잠시 정적이 이어졌다.

엥, 뭐지? 전화가 끊겼나?
침묵을 깨는 아버지의 한마디.

"…너 제정신이냐?"

제45장

나라면
이 계약 안 해

"수술이요…? 그분…
70살이 넘으시지 않았나요…?"

"그건 말이 안 되는데? 집주인이 와서 계약을 해야지. 아들이 와서 계약을 한다고?"

— 아… 위임장 보내줄 거예요….

"보내줄 거라고? 아직 못 받았어? 언제 받을 수 있는데?"

— 음…? 잘 모르겠네요?

"환장한다 진짜. 계약할 때 위임장 없어도 되는지 변호사나 법무사한테 알아봐, 빨리!"

통화를 끊고, 내 정신도 함께 끊어질 것 같은 어지러움을 느꼈다. 정신 차리자. 일단 홍진경 사장님한테 물어보자. 사장님 위임장 받을 수 있을까요? 아 위임장~ 안 그래도 그거 이경규 사장님이 집주인한테 요청해 놨대요. 아, 그럼 그렇지. 그쵸? 그럼 언제 받을 수 있대요? 음~ 그건 확인해 볼게요.

음…? 그럼 계약 날에는 어떻게 해요? 계약 날에는 집주인 분이랑 통화라도 해야지 뭐. 아, 음…? 그럼 결국 위임장 없이 계약을 해야 한다는 거잖아요? 아이, 걱정 마~ 중도금 전에는 보내줄 거야.

홍진경 사장님과 통화를 마치자 아버지에게서 온 카톡이 30개. 성미가 급한 아버지는 공인중개사 자격증이 있는 친구분에게서 받은 내용을 나에게 전달 중이었다.

"나라면 이 계약 안 해.
위임장 없으면 아무 법적 효력이 없어.
그냥 파기하고 빨리 다른 집 알아보라고 해."

아버지에게 바로 전화가 왔다.
"너 내가 보낸 거 봤어? 네가 지금 뭘 하려는 건지 모르겠다. 몇 억이 장난이야?"

아버지가 쏟아내는 문장들 사이의 나는, 철없는 아들일 뿐이었다. 고등학생 시절, 등수가 떨어진 성적표를 들고 집에 들어간 날과 다를 게 없었다. 시험은 다음에 잘 보면 되지만 계약은 다른 문제였다. 일단 잘 알아보고 문제없게 처리하겠다는 것 말고는 할 수 있는 말이 없었다.

전화를 끊고 인터넷 검색을 했다.

위임장 없이 계약하면 무효
법적 효력 없음

검색창에 떠오르는 문장들이 얼굴을 후려쳤다. 시뻘게진 얼굴로 아버지가 보내준 변호사 사무실 연락처로 전화를 걸었다. 현재의 상황을 설명하고, 어떻게 해야 하는지 물어봤다. 그러자 돌아온 답은 위임장 없이는 절대 계약하지 말라는, 내가 원하던 대답이 아니었다. 정보를 찾을수록, 알면 알수록 내 안의 불안은 몸집을 키워갔다.

불안을 없애는 방법은 하나뿐이었다. 최대한 빨리 위임장을 받아내는 것. 이대로 있을 수는 없었다.

다음 날 퇴근하자마자 이경규 부동산으로 향했다. 헐레벌떡 사무실로 향하는 나의 왼손에는 홍삼 세트 하나가 들려 있었다.

[이경규 부동산 이야기]

동네 후배가 내한테 그라대.

"행님~ 실력은 뭐 말할 것도 없는데예~ 좀만 더 친절하게 하모, 손님 더 붙는다 아입니까."

니 봐라. 친절한 부동산한테 비싸게 살래, 승질머리 고약한 내한테 1억 싸게 살래? 으데서 살끼고? 웃기지 마라 캐라. 사람들한테 잘해주고 정 붙여서 뭐하노? 그 사람들 더 싼 매물 있으면 당장 옆에 부동산으로 간다 아이가? 부동산이 뭐 몇만 원짜리가?

마, 요즘 젊은 얼라들은 진짜 웃긴다. 뭐? 엠투? 대출 금리가 몇 프로? 웃기고 자빠졌다. 니 30년 전에 금리 얼마였는지 아나? 15% 넘었데이! 여기 강남 바닥에 그런 거 따지고 집 산 사람 을매나 되노? 그냥 눈 딱 감고 계약서 도장 찍고 애 키우고 살다 보믄 잘 사는 기제.

아따, 그리고 어디서 뭐 이것저것 듣고 와서는 사장님 이건 어떻고 저건 저렇고 하나둘 따지고 드는데 골 깐다 진짜. 니 그거 을매나 짜증나는 줄 아나? 그 얼라덜 잘해주믄 꼬치꼬치 다 따지고 기어오른데이. 부동산 거래가 으데 그렇게 교과서처럼 되는 줄 아나.

딸랑.

들어오는 아들 뻘 손님의 얼굴을 보자마자 직감이 왔다. 시뻘건 얼굴을 하고, 손에는 빨간 박스를 들고 있었다. 가까이 와서 보니 홍삼이었다. 젊은 것들은 왜 그럴까. 소주나 사오든지.

"사장님, 안녕하세요."

쯧.

용건을 꺼내기도 전에 혀를 찼다.

"또 뭐던다고 왔노?"

놈은 잠시 눈치를 보더니, 홍삼 박스를 슬그머니 책상 앞에 내려놨다.

"이거 홍삼인데, 사장님 고생 많으셔서 사왔어요. 저녁 먹고 드세요."

"홍삼은 니나 무라. 내가 니보다 팔팔할 끼다."

그렇게 말하면서도 박스를 슬쩍 구석으로 밀어놨다.

"아, 그리고… 그 위임장 말인데요…"

또 그 소리다. 내 이랄 줄 알았다. 젊은 얼라들은 우째 다 이래 똑같노? 속에서 뭔가 올라왔다.

"니, 위임장이 무슨 택밴 줄 아나? 지금 미국이라 안 된다 아이가. 내가 어제 문자를 몇 통 보낸 줄 아나? 열 통 넣었다 열 통! 니 주댕이 때매 그 집주인 아들래미가 파기한다 캐서 아들네 집까지 갔다 왔다 아이가. 집주인하고 을매나 통화한 줄 아나? 인자 계약서만 쓰믄 되는데 그게 그렇게 불안하다 이 말이가?

계약이 원래 그런 기다. 구멍 하나 없이 딱 맞는 계약이 어데 있노? 내 부동산 30년 넘게 했다. 믿음 하나로 가는 기라, 백날 자료 들춰봐라. 되겠나? 결국 부동산은 사람 보고 가는 기다, 마!"

욕지거리가 올라왔지만 조금만 더 친절하면 좋겠다던 후배의 말이 문득 떠올라 입을 꾹 닫았다. 옛날 같았으면 더 퍼부었을 거다. 홍삼 박스가 시야에 걸린다. 그가 할 수 있는 최대한의 친절을 베풀었다.

"니 또 위임장 얘기 꺼내믄, 그때는 내가 계약 파기해뿐다이."

이경규 사장님의 경상도식 화법에 왜인지 모르게 마음이 안정됐다. 내가 모르는 곳에서 집주인한테 계속 연락도 하시며 애써주시고 계셨다는 걸 알고 나니 고마웠다.

그래, 이 정도 했으면 됐지 뭐. 위임장 금방 오겠지….
뒤돌아서는 내 머리 위로 이경규 사장님의 경상도 사투리가 툭 떨어졌다.
"그 집주인 뭐 수술한다 카던데, 알고는 있으라."

수술이요…?
그분… 70살이 넘으시지 않았나요…?

제46장

모르는 계약, 모르는 계약

"그냥 계약을 하겠다고?"

"나라면 지금이라도 계약 무를 거야."

— 형. 나 어떡해. 이틀 뒤에 계약서 쓰기로 했어.

"집주인 70살이 넘는다며. 그분 외국에서 수술하다가 사망하면, 이거 상속 물건이 돼."

아는 변호사 형이 나를 만류했다. 집주인이 사망한다면 집을 물려받는 사람은, 우리 계약을 파기한다고 했던 바로 그 아들이다. 어떻게 해야 하지. 진짜 지금이라도 이렇게 복잡하고 머리 아픈 물건 포기하고, 다른 물건 찾으러 다녀야 할까. 그게 나을까. 이경규 사장님한테는 뭐라고 말을 하지. 일단 무슨 수술인시 알아봐야겠다….

"수술을 한대요? 그건 또 처음 듣네."

홍진경 사장님도 모르는 내용이었다. 사장님, 저 좀 살려주세요. 저 이경규 사장님한테는 연락 못 해요. 무슨 수술인지 좀 알아봐 주세요….

하루하루가 고비였다. 계약금을 넣으면 모든 것이 끝난 해피엔딩일 줄만 알았다. 매도를 간절히 바랐던 한 달 전, 그토록 기다렸던 갈아타기 엔딩이 이런 모습일 줄이야. 인터넷에 글을 올렸다.

> title: 70 넘은 어르신이 당장 수술받아야 할 일이 뭐가 있을까요?
>
> └ re: 주변에 보니까 대부분 암으로 수술하심.
> └ re: 심장 수술이 흔한 거 같던데요. 스텐트 삽입술 이런 거.

아 제발…. 안 돼, 안 돼…! 여보, 진짜 어떡하냐 우리. 큰일 났어. 댓글들 좀 봐봐. 우리 어떡해…. 설마 그분 지금 엄청 위독한 거 아냐? 그래서 위임장 바로 못 보내주는 거 아냐? 그런 건가 봐. 어쩌지? 어쩌지?

후…. 심호흡하고. 자, 침착하자…. 그 수술이 뭔지부터 알아보자. 그래. 그게 먼저다.

알아보면 알아볼수록 내 안의 불안은 커져만 갔다. 이럴 때는 정확한 정보를 수집하는 게 먼저였다. 재건축 조합장을 직접 만나러 갔을 때처럼 말이다. 이런 난리를 겪는 동안 이미 강남 3구의 집값은 오르고 매물도 줄어가는 상황이었다. 기다리는 것밖에는 선택권이 없었다.

매도 계약서를 썼다. 이틀이 지났다. 홍진경 사장님은, 무슨 수술인지 정확히 말을 안 해준다고 했다.

그리고 그날이 왔다.
매수 계약일.

|＊|＊|＊|＊|＊|

"그냥 계약을 하겠다고?"
아버지는 뒷목을 잡고 쓰러지실 것 같았다. 어머니는 눈을 감고 기도문을 외셨다. 부모님께 며칠 동안 정리한 생각을 말씀드렸다. 일단 무슨 수술인지 알아보고, 위험한 수술만 아니면 계약서를 쓰겠다고 했다. 아버지와 어머니는 착잡한 표정이었다. 하지만 어쩔 수 없었다.

"진짜 괜찮겠어요? 위임장이 없다면 전화로 집주인 확인이라도 해요. 일단은 무슨 수술인지 알아보는 게 중요해요."

법무사의 의견이었다. 법무사와 함께 이경규 부동산으로 향했다. 준비할 수 있는 최소한의 안전장치였다. 사무실에는 집주인의 동생이 아들 대신 나와 있었다. 집주인 아들은 그 소동이 있어서 껄끄러웠던 것 같다.

계약서를 비롯해 모든 준비가 되어 있었다. 고약한 성질만큼, 이경규 사장님의 일 처리 또한 확실했다. 차분한 분위기였다. 모두가 알고 있었다. 이 계약은 유리 같아서, 소란을 피우면 깨질 거라는 것을.

이경규 사장님은 집주인 동생의 핸드폰으로 전화를 걸었다. 법무사가 말을 이었다.

"여보세요, 집주인 김상덕씨 맞으십니까? 이 통화는 녹음 중이고요. 본인 확인을 위해 질문을 좀 하겠습니다."

스피커폰으로 들려오는 목소리는 힘이 있었다. 다행히 위독하시거나, 아픈 분 같지는 않았다.

― 선생님 안녕하세요. 이번에 제가 선생님 집을 사게 된 김대대입니다.

안부를 묻고, 덕담을 나눴다. 참고 참아 온 질문을 던졌다.

― 선생님, 근데 수술을 하신다고 들었는데요.

그분에게 돌아온 대답은 나를 더 답답하게 만들었다.

"아, 그 수술이… 말씀드리기가 좀….”

|＊|＊|＊|＊|＊|

가끔은, 모르는 게 약일 때가 있다. 하지만 모르면 불안했던 나는 어떻게든 더 많이 알아야 했다. 그래야 안심이 될 것 같아서, 인터넷을 뒤지고, 사람들한테 묻고, 전문가를 찾았다. 그렇게 정보를 모을수록 결정은 미뤄졌다. 정보는 많아졌는데 내 마음은 안정되지 않았다.

"혹시 통풍일 수도 있어요.”
임장을 다니던 때, 의사의 한마디에 나는 통풍이라고 확정을 지었다. 통풍에 대해 찾아보고 좌절하고 절망했다. '혹시'가 만들어내는 시나리오는 항상 최악이었다.
혹시 고덕 집을 팔았는데 강남보다 더 오르면 어떡하지? 혹시 집을 샀는데 하락장 오면 어떡하지? 혹시 위임장이 없는 이 계약이 사기라면?

'70대의 수술'이라는 정보 하나로 나는 응급실을 지나 장례식장까지 달렸다. 머릿속에선 심장, 스텐트 삽입술, 암, 응급실, 사망, 상속…. 그리고 계약 파기까지 시뮬레이션을 돌렸나. 아내와 얘기하고, 법무사 의견을 듣고, 대체할 매물도 다시 찾아봤다. 스피커폰 너머로 망설이는 집주인의 목소리를 들으며, 나는 또다시 상상의 세계로 빠져들고 있었다.

이미 내 머릿속에선 그 집주인은 수술대 위에서 전신마취 중이었고, 수술 도중 고령의 신체가 전신마취를 감당하지 못하고 심정지가 발생했다. 의료진의 비상 호출과 함께 중환자실에 가지만, 결국 사망까지 이르게 됐다. 그 물건을 상속받은 아들이 "계약 무르겠습니다"라고 말할 예정이었다.

하지만 정말 그런가? 정말 그 불안이 만들어낸 상상들이 현실이 되었는가?

나중에 돌아보면 그게 다 쓸데없는 일이었다는 걸 알게 된다. 생각해 보면 인생에서 잘한 선택들 중 절반은 '몰라서 질렀던' 것들이었다. 통풍일 수도 있다던 내 발목은 인대 염증이었다.

"아…. 그 수술이 말이죠…. 말씀드리기가 좀…."

선생님, 대체 무슨 수술인가요? 혹시 암세포를 발견하셨나요? 아니면 심장이 안 좋으신가요? 이렇게 목소리가 정정하신데 설마 위독하신 건 아니죠?

그리고, 스피커폰을 통해 들리는 집주인의 대답.

"사실… 쌍꺼풀 수술을 해야 됩니다."

사무실 전체가 멈춘 듯했다. 귀를 의심했다. 그 많은 상상과 공포를 한 방에 무너뜨린, 다섯 글자. 쌍꺼풀 수술. 갑자기 시작된 웃음 참기 챌린지.

― 아… 쌍꺼풀이요…?
입꼬리가 떨렸다. 눈알이 좌우로 흔들렸다. 헛기침이 세 번, 침을 삼켰다. 웃으면 안 돼. 슬픈 생각, 슬픈 생각.
"저는 아니고, 집사람이 한다고…. 걱정 마십시오."
― 아, 그런 거였군요. 아아, 제가 참 별 걱정을 다 했네요.
휴. 간신히 웃음을 참았다. 다행이다.

"맞나. 내도 쌍수해야 되는데."
이어지는 이경규 사장님의 답변. 눈치 보며 기침하던 법무사는 눈을 한번 껌뻑였고, 홍진경 사장님은 고개를 숙인 채 서류를 정리하는 척했지만 어깨가 살짝 들썩였다. 나는 속으로 울부짖었다. 웃지 마….

"쌍수만? 니는 다 갈아엎어야 된다. 대공사다 대공사. 1억은 써야 된다 안카나."
푸흡! 이수지 사장님의 말에 나는 더 이상 웃음을 참을 수 없었다. 사무실 안의 모두가 웃음을 터뜨렸다. 이후의 분위기는 아주 화기애애했나. 아내가 안김하수 때문에 쌍꺼풀 수술을 해야 한다. 이왕이면 한국에서 자연스럽게 하려고 한다. 일정을 잡으면 잔금일 전에 미리 귀국할 예정이다. 그 전에 위임장도 보내겠다고 했다. 법무사의 조언대로, 위임장과 인감증명서를 제출하겠다는 특약을 넣어서 매수 계약을 마무리했다.

사무실에서 꽤 먼 거리까지 걸어간 후에야 아내와 한참을 웃었다. 쌍꺼풀이었다니, 쌍꺼풀 수술…. 사방이 뿌옇게 흐릿했던 안개가 걷히는 것 같았다. 매도자가 보낸 계약금에 가지고 있던 현금을 보태서 1억이 넘는 계약금을 넣었다. 잔금까지는 90일이 남아 있었다.

제47장

내가 몰랐던
집주인의 사정

"반갑습니다. 저 집주인 아들입니다."

계약에 문제가 없다는 걸 아버지에게 먼저 알렸다. 걱정했던 수술의 정체 역시 쌍꺼풀 수술이었고, 집주인과 직접 통화해 대리권 위임 사실을 확인했고, 법무사가 작성한 특약으로 그 사실을 명확히 남겨두었다고 말했다.

"그래? 법무사랑 다 확실하게 확인한 거지? 알겠다."

매수와 매도의 중도금과 잔금 일정을 가까스로 맞추고, 이사 일정을 확정했다. 계약은 다 마무리가 됐다. 불안했던 마음은 다시 설렘으로 바뀌었다. 인테리어 업체를 알아보고, 대출 상담을 받았다. 예산이 빠듯했다. 인테리어의 기준은 점점 낮아졌다. 발코니 확장, 샷시 교체, 시스템 에어컨 외에는 하나씩 포기했다. 그래도 너무 비싼 비용에, 결국 턴키가 아니라 반셀프 인테리어를 하기로 했다. 돈을 아끼려면 내 몸을 써야 했다. 부디 대출 금리가 오르지 않기만을 바라고 있었다.

그래도 지금까지의 고생에 비하면 행복한 시간이었다. 어떻게 될지 모르고 노력했던 시간과, 미래가 정해진 상태에서 하는 노력은 달랐다. 끝이 보이지 않는 길에선 더 지쳤지만, 이제는 힘들어도 설렜다. 불안 요소들이 하나둘 사라졌다. 위임장을 우편으로 받았다. 시간은 빠르게 갔다. 중도금 날짜가 왔다. 매수자에게 돈을 받았다. 내가 받은 돈에 신용대출금을 보태서 중도금을 보냈다. 이제는 쌍방의 동의 없이는 계약을 해지할 수 없는 상태. 9부 능선을 넘은 셈이었다.

시간은 빠르게 흘렀다. 잔금일, 그러니까 내가 강남 아파트의 주인이 되는 날은 점점 가까워졌다. 잔금일 한 달을 앞두고 인테리어 디자인과 자재 등을 확정하고 공사 일정을 조율했다. 이제는, 정말, 진짜로, 마지막이 다가오고 있었다.

평범한 일상이 이어졌다. 회사 업무에 집중했다. 금요일 오후 5시. 일주일 동안 작성하던 보고서를 마무리하고 홀가분하게 '불금'의 시작을 기다리고 있을 때였다.

핸드폰으로 전화가 왔다. 모르는 번호였다. 거절을 눌렀다. 대출상담사거나 여론 조사겠지. 5분 뒤, 다시 전화가 왔다. 아까 그 모르는 번호였다. 누구지. 2번이나….

― 여보세요?
"안녕하세요. 혹시 김대대씨 되시나요?"
― 네, 그런데요?
"반갑습니다. 저 강남 아파트 집주인 분의 아들입니다."
― 아, 네. 안녕하세요.

뭐지? 대체 왜지? 나한테 왜? 집주인 아들이라고? 계약 파기하려고 했던 그 아들? 당신이 나한테 왜 전화를 했어?
머릿속에선 궁금증이 뒤엉켰지만 차분하게 말을 이었다.

― 그런데 무슨 일로….
"다름이 아니고, 선생님 한번 뵙고 싶어서요."
뭐야, 뭐야. 나를 왜 만나고 싶대? 중도금 다 들어갔어. 이 계약 파기 못해. 잠깐만, 계약 파기하려는 건 아닐 거 같은데, 뭐지? 왜 나를 만나자는 거지? 아, 그때 그거 미안하다고 말하려고 그러는 건가?

"그때 계약 파기하려고 했던 것도 사과하고 싶구요."
아, 그래? 역시 사과하려는 건가? 근데 굳이 만나서 사과할 필요는 없는데? 혹시 MBTI 파워 E? 아니, 뭐하러 만나서 사과를 해?

— 아아, 괜찮습니다. 그럴 수도 있죠.

최대한 쿨하게 대답했다. 다 괜찮다고, 이해한다고, 이 말은 그냥 우리 만나지 말자, 굳이 만날 필요는 없다는 걸 에둘러 표현한 거였다. 그런데 그의 말은 이어졌다.

"또 말씀드리고 싶은 게 있습니다. 사무실이 어디세요? 다음 주에 한번 찾아뵙고 싶어서요."

거절의 의미는 전혀 전달되지 않았다. 진짜 왜 이래, 이 사람. 왜 나를 찾아와? 제발 그냥 잔금까지 잘 치르고 끝내자. 우리 인연은 거기까지로 마무리하자고…. 하, 침착하자.

— 아, 다음주 일정 확인하고 부동산 통해서 연락드릴게요.

전화를 황급히 끊었다. 더 길게 얘기했다가는 내 입에서 무슨 소리가 튀어나올지 몰랐기 때문이다. 전화를 끊자마자 홍진경 사장님에게 바로 전화를 걸었다.

— 사사사사사사 사장님. 이게 무슨 일이래요. 제제제제 제가 방금 무슨 전화를 받았는지 아세요? 세상에 그그그그 그 집주인 아들이 저한테 전화를 했어요. 세세세세세 세상에. 뭐예요, 이거?

"예? 그 사람이 왜 전화를 했대요?"

— 저한테 다시 물어보시면 어떡해요, 사장님….

"저도 모르겠어요. 이경규 사장님에게 물어볼게요."

통화를 끊자 오만가지 생각이 들었다. 1억을 비싸게 팔기 위해서 우리 계약을 파기하려고 했던 그 사람. 그 남자가 나에게 전화를 했다. 계약 파기? 그럴 리는 없다. 이미 중도금까지 들어간 상태기 때문에 계약 파기는 불가능하다. 그렇다면 뭘까? 정말 그냥 사과하려고? 아니지. 다른 할 말이 있다고 했다. 그게 도대체 무슨 말일까.

미안하다면서 1억을 더 깎아주는 건가? 흐흐흐. 아니면 그냥 나랑 친하게 지내고 싶은가? 그때 내가 너무 쿨하게 받아줘서 그게 감동적이었나? 내가 너무 어른스러웠던 탓인가? 아니면 같은 강남구민으로 이웃끼리 왕래하면서 캠핑도 가고, 헬스장도 같이 다니고 같이 골프 치고 싶은 건가? 대출 영끌이라 골프는 커녕 헬스장 끊을 돈도 없다고 말해야겠당.

홍진경 사장님에게 다시 전화가 왔다.
"양도세가 5억이 나온대요."
전혀 예상하지 못한 내용이었다.

"집주인 분이 그 집을 보유하신 지는 꽤 됐는데, 예전에 사정이 있어서 실서주를 1년 4개월만 히시고 전세를 계속 주셨대요. 실거주 요건 2년을 채우려면 8개월을 더 사셔야 양도세 감면이 되는데 그걸 생각을 못 하셨다고…"

― 예? 양도세 계산을 안 하셨대요?

"집주인 분들이 연세도 있으시고, 따님이 미국인이랑 결혼해서 미국에 사는데, 자녀 계획이 없다가 출산을 했대요. 집주인 분이 손주 보러 갔다가 아예 미국에 정착하려고 하시나 봐요. 그러면서 좀 급하게 매도 결정도 하신 거래요. 양도세가 이렇게 많이 나오는 걸 생각 못 했다고…"

― 그래서요?

"좀 도와달라고 하시네요. 잔금을 8개월만 미뤄달래요."

5억.
그건 5억짜리 사정이었다.

제48장
협상의 신

"당신에게 힘이 있다는 사실을 인지하라."

집주인이 5억 양도세 내야 해서 잔금 미뤄달라는 전화 받은 썰 푼다. 와, 어떻게 이런 일이 있지? 이게 말이 되나? 잠깐만. 이거 진짜 실화야?

아니 막말로… 내가 잔금 늦춰주는 조건으로 대신 4억을 깎아달라고 해도, 그 사람은 생돈 5억 내는 것보다 1억 이득이잖아? 맞잖아…. 그렇잖아?

이건 기회다. 집값을 더 깎을 수 있는 기회!

아내에게 다급하게 톡을 보냈다. 아내는 내 말을 알아듣지 못했다. 전화로 설명을 했다. 어보, 이게 말이 된다고 생각해?

이런 기회가 찾아오다니….

다람이를 재우고 우리 부부는 회의를 시작했다. 기회를 놓치고 싶지 않았다. 잔금을 8개월 늦춰주는 조건으로 뭔가를 얻어야 했다. 반드시 나에게 유리한 방향으로 이끌고 싶었다.
하지만 한 가지 마음에 걸렸다. 양도세가 5억이라던 말. 과연 진짜일까? 혹시 금액을 부풀린 건 아닐까? 하지만 미국으로 급히 떠난 사정, 계산하지 못했다는 중개사의 말, 연세 많은 어르신이라는 배경에, 나한테 전화까지 했던 사실을 종합하면 거짓말을 할 이유는 없어 보였다.

동생에게 전화를 했다. 오늘 있었던 일을 설명했다. 가만히 듣고 있던 동생이 말했다.
"형. 이거 대박이야."
— 그치? 맞지?
"응. 진짜 이거 흔치 않은 일이고, 꼭 협상 잘 해봐."

확신이 들었다. 정말 흔치 않은 기회라는 확신. 우리가 급할 건 없었다. 기다리고 있으면 그쪽에서 어떤 제안이든 올 거라고 생각했다. 잔금일이 다가올수록 쫓기는 건 집주인이지, 우리가 아니었다.

다음날, 나는 도서관으로 갔다. '협상'이라는 단어가 들어간 책들을 몽땅 꺼냈다. 협상의 신이 되고 싶었다. 최선의 협상을, 최대한의 이득을 이끌어내고 싶었다. 책을 읽다가 급기야는 그 책들을 죄다 사버렸다. 출근길 지하철에서도, 집에서도, 화장실에서도 협상 책들을 읽었다. 연필로 밑줄을 그으며, 문장들을 마음속으로 곱씹었다. 전략을 노트에 정리했다. 나는 협상의 신이 되어 가고 있었다.

-협상의 팁-

"상대측이 진짜 필요로 하는 것을 알아라. 그러면 90%는 승리한 거나 다름없다."

알지. 양도세 감면. 금액은 5억이고. 그래서 나보고 잔금을 8개월 늦춰달라고 했지. 정확하게 알고 있지. 승률 90%네!

"협상은 인내심 싸움이다. 상대는 마감 시한을 드러내지 않을 것이다. 모든 협상의 타결은 막판에 일어난다. 인내하면 대가를 얻는다."

이것 참, 정보를 아는 게 협상의 첫 번째 단계라는데, 이미 상대방의 마감 기한을 알고 있는 걸. 잔금일이 마감일이잖아.

"당신에게 힘이 있다는 사실을 인지하라. 이 힘을 사용하여 목표를 구현하라."

그치, 나한테 힘이 있지. 지금 내가 손해 볼 건 없는 거지.

"협상의 초반, 처음 던진 수치는 상대의 기대치를 결정짓는다. 이것이 앵커링 효과다."
"한국 사람은 보수적인 제안을 한다. 처음 금액을 제시할 때 최고의 결과를 이끌어내기 위해서는, 파격적으로 제시하라."

이거야, 이거. 바로 이거다. 김두한식 협상.
미국 코쟁이들을 상대로 1달러에서 4달러로 4배를 올려 받은 협상의 신 김두한. 그도 역시 앵커링 효과를 알고 있었던 걸까? 상남자식으로 화끈하게 올려달라고 하는 거지.

파격적 제안.

좋아. 그럼 얼마를 깎을까.

아무리 파격적인 제안을 한다고 해도 그냥 깎아달라고 하면 안 된다. 논리가 있어야 한다. 우리가 왜 이만큼 깎아야 하는지 설명할 수 있어야 했다.

게다가 잔금을 8개월 미루는 건 우리에게도 리스크가 있었다. 바로 대출 금리 상황. 대출과 금리에 대한 뉴스들은 온통 부정적인 것뿐이었다.

대출금리 추가 인상 예고
은행권 대출 만기·한도 줄인다

"대출은 받을 수 있을 때 받아야 돼요. 8개월 뒤요? 1%는 오를 걸요. 그것보다 더 올린다던데. 이 금리 이제는 없어요. 한도 엄청 줄어들 거예요. 대출 규제도 나올 텐데."

대출 상담사는 본인 실적 하나가 날아가서였는지 부정적인 말을 했다. 하지만 금리가 오르고 있는 상황은 거짓이 아니었다. 8개월 뒤 금리가 더 오르면, 매매가를 적당히 깎아서는 득이 안 된다. 게다가 대출 만기도 줄이고 한도까지 줄여버린다니. 대출이 있어야 집을 사는데, 너무 치명적이었다. 그래서 우리는 다음과 같은 시뮬레이션을 돌렸다.

1. 한 달에 감당 가능한 원리금 한도 설정
2. 금리가 1% 더 오르고, 대출 한도와 만기가 줄어들 경우 시나리오

그 결과, 8개월 잔금 연기로 인한 리스크를 상쇄하려면 1억은 깎아야 확실하게 이익이 될 거라는 생각이 들었다. 여기에 앵커링 효과를 노려 1억을 더 얹자. 총 2억. 여기서 조금 깎아도 1억 5천 정도일 테니 이걸 기준점으로 삼고, 협상을 시작해 타결을 보는 전략.

결론: 먼저 제시하지 말고 기다리자. 연락이 오면, 2억을 깎아달라고 얘기하자.

협상의 신이 되어버린 김두한, 아니 김대대의 이억 깎아달라 전략이었다. 잔금일까지 3주의 시간이 남아 있었다. 며칠 동안 부동산에 연락하지 않고 기다렸다. 집주인 아들에게 전화가 온 날로부터 이틀이 지났다. 다음날, 그 다음날에도 연락은 없었다. 난 급할 게 없었다.

일주일이 지났다. 전화가 왔다. 집주인 아들의 번호였다.

제49장

동상이몽

"앞으로는 부동산 통해서 말씀하시죠."

책상 위에 올려둔 휴대폰 화면을 한참 쳐다보다가, 천천히 숨을 들이마셨다. 그리고 통화 버튼을 눌렀다.

― 여보세요.

잠깐의 정적 후 집주인 아들의 목소리가 흘러나왔다.

"아, 안녕하세요. 지난번에 제가 찾아뵙고 싶다고 말씀 드렸는데 답이 없으셔서 전화 드렸습니다."

공손한 말투 뒤에 숨어 있는 초조함이 느껴졌다.

"들으셨겠지만, 잔금일을 미루지 않으면 양도세 때문에 좀 답답한 상황입니다. 저희 부모님이 계산을 안 하시고 파셨더라고요."

— 네. 참 곤란한 상황이시겠네요.

공감을 해주고, 최대한 말을 아꼈다.

"사실 처음부터 가격을 낮게 파셔서 저도 그걸 알고 당황스러웠는데요. 이렇게 양도세 계산도 안 하시고 파셨을 줄은 저도 몰랐습니다. 그래서 말인데, 잔금을 8개월 늦춰주시면, 저희가 매매가를 좀 깎아서 계약하면 어떨까 싶은데요."

꿀꺽.
대체 얼마일까? 일단 들어보자. 숨을 고르고 물었다.

— 어느 정도 조정 말씀하시는 건가요?
"2천만 원을 깎으면 어떨까 싶습니다."
— 2천만 원이요?

나는 되묻지 않을 수 없었다. 최소 1억을 생각했는데 2천만 원? 잘못 들은 줄 알았다.

"네. 저희도 처음부터 꽤 낮게 드린 거라, 더 이상은 무리라는 생각입니다."

공손한 말투는 그대로였지만, 내 반응을 예상하지 못한 듯했다. 억울함과 가벼운 짜증이 말끝에 스며들었다. 어쩔 수 없네, 내 앵커링 전략 보여줘야겠네.

─ 2억 정도는 깎아주셔야 저도 생각을….

"예?"

그의 침묵이 길어졌다. 엇… 너무 세게 불렀나…?

"…그건 좀 너무하신 거 아닌가요?"

음…. 그…. 일단 준비한 논리로 반박을 하자.

─ 앞으로 금리도 오른다고 하고, 한도랑 만기도 줄인다는데 저희도 리스크가 있어서요. 월급이 많은 것도 아니고 저희 생활 수준 따지면 8개월 뒤에 금리 1%는 오르고, 만기 기간이랑 대출 한도 줄어든다고 가정하면 그 정도는….

"부모님에게 전달 드리겠습니다."

내 말을 끊고 들어오는 집주인 아들.

"앞으로는 부동산 통해서 말씀하시죠."

대답을 하려는 찰나, 전화가 뚝 끊겼다.

뭐지? 뭐여? 하…. 참나….

잠시 멍하니 핸드폰을 바라보다가 헛웃음을 뱉었다. 여전히 급할 건 없었다. 잔금일까지 2주.

시간이 흘렀다. 부동산에선 아무 연락도 없었다. 나도 연락하지 않았다. 어차피 먼저 다가올 쪽은 그들이었다. 하루하루 지나면서도 오히려 느긋했다. '이번엔 내가 갑이다'라는 생각이 마음 한켠을 든든하게 채웠다.

매수 전까지 얼마나 많은 을의 시간을 보냈나. 집주인들에게 문자 돌리고, 부동산에 음료수 바치고, 돈 없는데 급매 달란다고 무시당하고. 이제는 정말 갑이 되고 싶었다.

"협상은 인내심 싸움이다. 모든 협상의 타결은 막판에 일어난다. 인내하면 대가를 얻는다."

협상 책들을 10권도 넘게 읽으며 마음을 다스렸다. 인간 심리가 손바닥처럼 읽히는 느낌이었다. 전화가 온다면 어떻게 대응할지 상상했다.
협상의 타결은 막판에 일어난다. 축구나 야구 이적하는 것도 협상 기한 막판에 뜬다. 내가 해외 축구만 20년을 봤다. 박지성 맨유 이적설 한창 뜨다가 막판에 맨유 유니폼 들고 사진 찍은 거 다 기억한다. 인내한다!

시간은 빠르게 흘렀다. 잔금일이 이틀 앞으로 다가왔다. 아주 약간 초조해지기 시작했다. 아주 약간일 뿐이었다. 이 협상에서 갑은 나였다. 힘의 균형은 여전히 내 쪽으로 기울어져 있었다.
잔금을 하루 앞둔 날이 밝았다.

제50장
인생 최대의 실수

**"근데 말이야….
그 사람 왜 아직까지 연락이 없지?"**

아침부터 초조했다. 조건도, 타이밍도, 심지어 협상 전략도 모두 내가 유리했다. 협상 책만 10권을 넘게 읽었어. 내 전략은 틀리지 않았다. 그런데 지금까지 연락이 없다. 분명히 내가 협상의 신인데… 왜 연락이 없지? 쫄린다, 쫄려…. 내가 쫄리냐, 왜? 김대대 정신 차려! 머릿속에서 협상 책의 문장이 번쩍 떠올랐다.

> "당신에게 힘이 있다는 사실을 인지하라. 이 힘을 사용하여 목표를 구현하라."

너 잊있어? 첵 다시 봐봐. 너힌데 힘이 있다. 믿어라.

근데 왜 지금까지 연락이 안 와…?

혹시 그 사람들, 5억을 안 내는 방법을 찾은 건가? 혹시 5억이 거짓이었나? 뭘까? 뭐지?

너무 초조했다. 내가 갑이라 믿었는데 아니었다. 어느새 나는 을이 되어 있었다. 불안감은 걷잡을 수 없이 커졌다. 변호사 형에게 전화를 걸었다.

― 형, 나야. 잘 지내지? 있잖아, 들어봐. 세상에 이런 일이 있었어. 그래서 내가 협상을 엄청 공부했어. 앵커링 효과 알지? 그래서 2억 제시했어. 잘했지?

사실, 상담이라기보단 자랑에 가까웠다.

― 근데 말이야…. 그 사람 왜 아직까지 연락이 없지?

잠자코 내 말을 듣던 형의 대답은 전혀 예상치 못한 말이었다.

"너, 뭔가 착각하고 있는 거 같은데?"

― 응?

"어르신을 그렇게 궁지에 몰면, 기분이 어떨 것 같아?"

― 어?

"너한테 5억이 엄청 큰돈일지 몰라도, 그 어르신한테도 그럴까?"

― 으… 응?

그리고 덧붙였다.

"집주인 자존심 값은 5억보다 비쌀걸? 그 사람은 자존심이 더 중요할 텐데."

순간 온몸에 소름이 돋았다. 머리를 한 대 맞은 것 같았다. 형이 던진 그 한마디는, 협상의 신을 구성하고 있던 논리와 확신, 계산과 전략을 한순간에 해체했다. 언덕 위에 앉아서 집주인을 내려다보고 있다고 믿었던 나의 땅이 갑자기 푹 꺼졌다. 나는 아래로 굴러떨어졌다.

바닥에 구르며 내가 세운 전략을 다시 주워담았다. 어설프게 만들어진 협상 전략을 살펴봤다. 그 전략의 기준은 돈이었다. 감정과 자존심, 체면이라는 인간의 감정은 시나리오 어디에도 넣지 않았다. 사람은 숫자가 아니다. 특히 체면을 중시하는 연배의 집주인이라면, '양도세 5억'보다 '한참 어린 아들뻘의 남자에게 농락당하고 있다는 자존심의 상처'가 훨씬 더 중요할 수 있었다.

집주인은 5억을 낼 것이다.

여기까지 생각이 미쳤다. 어르신의 자존심에 큰 상처를 줬다는 죄책감이 밀려왔다. 내가 너무 무례했던 거다. 선을 넘었던 거다. 매도할 때 자존심이 상해서 단 한 푼도 깎아주지 않았던 내 모습이 떠올랐다. 500만 원 깎아달라는 말에 기분 나빠서 매물을 거둔다고 했던 사람이 누구인가. 겨우 500만 원 가지고 성질을 냈던 사람이, 다른 사람에게는 그보다 10배도 훨씬 넘는 돈을 깎아달라고 했다. 매도자였던 내가, 그 마음을 누구보다 잘 아는 내가, 왜 내가 욕하던 사람들과 똑같이 굴었을까. 왜 상대의 입장에서 생각하지 못했을까. 왜. 왜. 도대체 왜. 부끄러운 실수였다. 이건 내 인생 최대의 실수다.

사과하자. 그가 이 거래에서 느꼈을 치욕감에 대해 진심으로 사과를 하자. 내 입장도 충분히 설명하자. 그리고 무엇보다 "정말 이 집에서 잘 살고 싶다"는 마음을 전달하자. 후회를 남기지 말자.

홍진경 사장님에게 집주인의 번호를 물었다. 부동산을 통하지 않은 연락은 곤란하다면서 할 말이 있으면 전달해 주겠다고 했다. 꼭 드리고 싶은 말이 있다고, 직접 말하고 싶다고 했다. 집주인 어르신의 번호를 받았다. 방에 들어가 문을 닫았다. 심호흡을 했다. 핸드폰에 그 번호를 찍었다.

"여보세요."
— 안녕하세요. 저 매수자입니다. 며칠 전부터 연락이 없으

셔서… 실은 먼저 이렇게 전화 드리는 게 맞는지 망설였는데요….

"아, 네."

― 죄송합니다.

진심이었다. 진심으로, 죄송했다.

그러자 돌아온 대답은 이것이었다.

"오늘 오후에 양도세를 납부하려고 합니다."

협상의 신? 난 병신이었다. 어르신의 자존심을 뭉개고 비웃었던 병신 머저리. 그 대가는 뻔했다.

― 어르신, 정말 죄송합니다. 이렇게 사과를 드립니다. 제가 그냥 일반 직장인이라 연봉이 높지도 않고 그래서 금리가 조금이라도 오르고 대출 한도가 줄기라도 하면 난감해서 그렇게 말씀을 드렸습니다.

복잡한 감정이 올라왔다. 미안함, 한심함, 부끄러움, 아쉬움, 그리고 간절함. 얼마나 이곳에 오기를 간절히 바랐던지가 떠올랐다. 지난 몇 개월간 했던 고생들이 떠올랐다. 가족들의 얼굴도 떠올랐다. 아내, 그리고 목숨보다 소중한 딸.

― 딸 한번 잘 키우고 싶어서, 이 집을 샀습니다. 이 동네에서 뛰노는 아이들을 보면서, 우리 딸도 여기서 자랄 수 있으

면 좋겠다는 꿈을 꿨습니다.

툭. 눈물이 떨어졌다. 순식간이었다. 조용한 방 안에서, 나는 한 번도 본 적 없는 사람과 통화를 하며 울고 있었다. 바로 어제까지만 해도 내가 집주인에게 전화를 할 줄도, 이렇게 울게 될 줄도 몰랐다.

말을 잇기 위해 잠시 숨을 골랐다.

— 가진 돈에 대출을 다 끌어서 사는 거라 잔금 기한을 늦추는 건 저희에게도 부담스러운 일인 건 사실입니다. 그래도 큰돈을 깎아달라는 건 조금 선을 넘은 것 같습니다. 혹시나 제가 무례했다면 다시 한번 사과를 드리겠습니다.

한편으론 얄팍한 생각도 들었다. 혹시, 혹시라도, 어쩌면, 이 호소가 그분의 마음을 조금이라도 움직이진 않을까. 진심이 통할 수도 있을까. 다시 기회가 열리진 않을까.

— 이 정도 금액만큼 조율해 주신다면 저도 잔금 일정을 미뤄보겠습니다.

최대한 상대를 배려하면서도, 내 입장도 고려한 금액인 5천만 원을 제시했다. 이건 상대를 궁지에 모는 금액이 아니다. 서로의 사정을 조금씩 보듬는 지점, 그의 자존심이 무너지지 않으면서, 내 현실도 지킬 수 있는 만큼.

어쩌면 그와 나의 타협점을 찾을 수도 있지 않을까? 일말의 기대감이 한켠에 자라나고 있었다. 그리고 돌아온 대답.
"네. 생각해 보겠습니다."

통화를 마치고 전화를 내려놓자, 묘한 후련함이 밀려왔다. 할 수 있는 건 다 했다는 개운함이었다. 수많은 문장 중에 무엇을 고를지 고심하며, 마지막으로 꺼낸 말은 진심 어린 사과였다. 그게 전달되지 않았을까?
그래. 이 정도 했으면 됐다. 이제 공은 저 쪽으로 넘어갔다. 완벽한 패배 같긴 하지만, 그래도 할 수 있는 건 다 했다. 최선을 다했다. 아내에게도 통화 내용을 전달했다. 가능한 시나리오는 두 가지였다. 첫째, 원 계약대로 기존 잔금일에 맞춰 기존의 매매 잔금액을 내는 것. 둘째, 잔금을 8개월 미루는 조건으로 5천만 원을 깎는 것. 우리가 바란 건 명확했다.

금리가 인상되고 한도가 줄어들어도 나쁘지 않은 딜이라는 생각을 했다. 그럼 집주인도 5억의 양도세를 내지 않아도 된다. 상대 입장에서 생각해 봐도, 5억 원과 5천만 원 둘 중에 어떤 선택이 합리적인지는 뻔하다.

차분하게 계약 관련 서류들과 도장을 준비했다. 계약금만 넣으면 끝일 줄 알았는데, 끝이 아니있다. 매도 진금은 오전에 치르고, 매수 잔금은 오후에 치르기로 날을 잡았다. 이 일정을 맞추기까지도 오랜 시간이 걸렸다. 그 많던 우여곡절 끝에 이제 정말로 마지막이 다가오고 있었다. 내일 잔금일에는 또 많은 이야기가 오갈 것이다. 그나마 다행이라면 매도 계약에는 큰 이상이 없었다. 문제는 매수 계약.

집주인이 내 제안을 받아들인다면 수정 계약서를 써야 한다. 원 계약대로 간다면 내일이 마지막이다. 여기까지 오는 과정에서 서로의 감정이 상하기도 했다. 머릿속에서 이런저런 상황을 상상했다. 집주인은 아마 나에 대해 좋은 감정이 있지는 않을 것이다. 내가 원망스러울 수도 있다. 자신의 사정을 약점으로 잡았다고 생각할 것이다.

집주인이 어떤 얘기를 하더라도 이성적으로 대처하자. 혹시 분위기가 험악해진다고 해도 최대한 매너를 지켜서 대답하자. 일단 말을 아끼고, 사무실을 나와서 생각하고 답하자. 생각을 정리했다. 우리 집을 사는 분들은 잔금을 치르고 일주일 뒤부터 인테리어 공사를 시작한다고 했다. 집주인은 잔금을 늦춰도 그 전에 인테리어나 거주는 마음대로 해도 된다고 했다. 어쨌든 같은 날에 이사를 동시 진행하니 다행이었다.

고덕에서 마지막 날을 최대한 즐기려고 했다. 저녁에는 자주 갔던 식당에서 밥을 먹고, 고덕천을 걸었다. 신나게 뛰어가는 다람이의 뒷모습과 그걸 품어주는 풍경들을 눈에 담았다. 그 배경을 뒤로 셋이서 셀카를 찍었다. 행복하면서도 아련했다. 아마 석양이 지는 시간이어서 그랬을지도 모른다. 밤에는 거실에 이불을 펴고 세 가족이 함께 누웠다.

"우리 근데 왜 이사 가?"
거기가 더 좋아? 더 커? 저번에 봤던 그 집이야? 질문이 쏟아졌다. 이 집이 좋다고, 유치원 친구들이랑 같이 학교도 다니고 싶다고 말하는 6살 아이에게 뭐라고 설명을 해야 할지 몰랐다. 거긴 강남이야, 더 비싼 곳이야, 할 수도 없고 머릿속에서 말을 골랐다.

"이사 안 가고 계속 살 수 있는 동네야. 학교도 가깝고, 다람이도 거기서 친구 많이 사귈 수 있을 거야."
왜 더 좁은 집으로 가냐는 다람이를 달랬다. 한참을 툴툴거리다 잠든 딸 옆에서 아내와 얘기를 나눴다. 우리 짐은 다 잘 챙겼겠지, 인테리어 공사 선물은 뭘로 할까, 매도 매수 계약까지 잘 마무리되면 거실에서 가족 사진 한 장 찍자, 카메라 챙겨야겠다. 그러다 잠에 들었다. 마지막 밤이었다.

제51장

자존심 값

"집주인은 뭐라고 하던가요?"

비가 내리는 소리에 새벽 일찍부터 잠에서 깼다. 아주 긴 하루가 될 예정이었다. 이삿짐 센터는 8시부터 짐을 옮기기로 했다. 짐을 다 뺀 후 11시에 매도 계약, 점심을 먹고 난 후 2시가 매수 계약, 그 후에 이삿짐을 옮기는 일정.

모두가 잠든 새벽 5시에 혼자 커피를 내려 마시고 창밖의 풍경을 눈에 담았다. 오후엔 비가 그친다는데, 그때는 꼭 이 앞에서 가족사진을 찍어야겠다. 집주인은 언제 전화를 할까.

서류와 짐을 다시 챙겼다. 이삿짐 센터 사람들이 우르르 몰려들었다. 우당탕탕 정리가 시작됐다. 감독은 아내에게 맡기고 나 혼자서 쫓기듯 집을 나섰다. 집이 사라진 매도자는 차에서 혼자 시간을 보내다가 약속 시간인 11시보다 15분 일찍 이순재 부동산에 도착했다. 매수인 부부가 이미 도착해서 사장님과 웃으며 얘기를 나누고 있었다. 화기애애한 분위기에 문을 열자 반기는 이순재 사장님, 그리고 어색한 정적이 잠시 이어졌다.

나보다 3살이 어린 부부, 왜인지 모르게 이순재 사장님은 그들의 편이 된 것만 같았다. 이사를 가는 나, 그리고 새롭게 이사 오는 사람들. 둘 중에 누구에게 더 잘해야 하는지는 정해져 있었다. 오고 가는 대화 속에서, 나는 이미 떠난 사람이 되어 있었다. 잔금을 받고 계약을 마무리했다. 우리 집의 모든 키를 넘겼다. 마지막으로 인사를 나눴다.

"비 오는 날 이사하면 잘 산대요."
덕담을 건네는 이순재 사장님이 고마웠다.
— 제가 정말 좋아했던 집이에요. 살면서 정말 만족하실 거예요.

멋진 말을 건네고 싶었는데, 매도가 처음인 나는 저 말밖에 하지 못했다. 부동산 사무실을 나섰다. 아침에 내리던 비는 그쳐 있었다. 이경규 사무실로 출발하기 전, 자주 가던 식당에 갔다. 아 가족사진 찍어야 하는데, 언제 찍지, 오늘은 시간이 안 되겠네, 내일 다시 와서 찍자 하는 대화를 나누고 있었다. 홍진경 사장님에게서 전화가 왔다.
집주인은 어떤 결정을 내렸을까?

— 여보세요.
"사장님, 이따 2시에 이경규 부동산 변동 없죠?"
네. 그런데 그게 중요한 게 아니라….
"아, 그리고…."
네네. 꿀꺽…. 집주인은 뭐라고 하던가요…?

"계약은 그냥 원래대로 진행하자고 하네요."
예?
— 양도세 5억이라고 하지 않으셨어요? 그걸 다 낸다구요?
"네. 양도세 낼 거라고 하시네요. 이따 뵐게요!"

으응? 이거 꿈이네. 뭐 이런 꿈이 다 있어. 대체 누가 양도세 5억을 그냥 내요? 안 내도 되는 방법이 있는데, 그냥 낸다고요? 진짜?

뜨거운 국물을 입에 넣었다. 혀를 데었다. 아, 뜨거…. 꿈이 아니네…. 그럼 진짜 그 돈을 낸다고? 5억을? 여보, 이게 말이 된다고 생각해? 우리 부부는 어안이 벙벙했다. 그걸 그대로 낼 거라는 시나리오는 사실상 우리 머릿속에 없었다.

그는 분명히 알고 있었다. 금액을 조금 깎아주면 세금 5억을 아낄 수 있다는 걸. 숫자만 놓고 보면 그에게 훨씬 이득인 거래였다. 하지만 협상이란 게 늘 숫자만으로 움직이지는 않았다. 누가 먼저 제안했는지, 어떤 말투였는지, 제안의 방식은 어땠는지에서 흘러나오는 세밀한 감정의 조각들이 숫자 위를 덮는다. 그리고 가끔, 펄펄 끓는 감정의 무게가 넘쳐서 합리적 선택을 짓눌러버린다.

아무 생각 없이 뜨거운 국물을 다시 입에 넣었다. 혀를 또 데었다. 국물 위로 일렁이는 김이 고개를 저으며 사라졌다. 나의 완벽한 패배였다. 그의 자존심 값은 5억 이상이었다.

제52장

강남 집주인을 만나다

"부자 되세요."

집주인의 선택에 대해 아내와 얘기를 나누며 부동산으로 출발했다. 처음엔 어이가 없다가, '혹시 5억까지는 아닌데 거짓말한 거 아냐?' 하는 의심도 들었다가, 결국엔 "대출도 이미 다 확정해 뒀으니 어차피 원래 계약대로 가는 게 낫지" 하며 정신승리 혹은 자기합리화에 도달했다.

잔금까지 몇 번씩이나 왔던 이경규 부동산, 오늘은 드디어 마지막이었다. 집주인 기분이 안 좋을 수 있으니 너무 웃지 말자, 표정 관리 하자 되뇌며 심각한 얼굴로 문을 열었다. 이경규 사장님, 홍진경 사장님, 법무사, 그리고 낯선 얼굴의 어르신이 앉아 있었다. 집주인이었다.

내 머릿속 집주인은, 협상도 안 받고 세금 5억을 내버리는, 5억보다 비싼 자존심을 가진 사나이였다. 나이 들었어도 꼿꼿한 장군님의 풍채에, 고집을 보여주는 주름이 미간에 깊게 패여 있고, 매서운 눈빛으로 말없이 사람 기를 죽이고, 도장 찍기 전에 세 번은 탁자를 두들기고, 계약서를 찢어버리고, 담배를 꺼내 불을 붙일 것 같은, 그런 강남 집주인이었다.

그런데 막상 마주한 집주인은 그냥 평범한 할아버지였다. 체크무늬 남방, 돋보기 안경, 갈색 베레모, 왜소한 체격. 퇴근 길 지하철 2호선에서 내 옆자리에 앉아 있던 여느 할아버지와 다를 게 없었다. 눈이 마주쳤다.

"아유, 안녕하세요."
먼저 손을 내미신 집주인. 안경 너머의 눈빛은 예상보다 부드러웠고, 악수를 하는 손에 느껴지는 힘도 강하지 않았다. 자리에 앉았다. 서류는 모두 준비되어 있었다. 돋보기 안경을 쓰고 서류를 읽는 어르신은 담배는커녕 물 한 모금도 조심스럽게 마셨다. 순간 헷갈렸다. 진짜 저분이 맞나? 바로 어제 전화로 눈물 어린 호소를 해도 조금의 동요 없이 "네, 알겠습니다" 했던 그 어르신 맞나? 자존심 값이 5억이 넘는 그 강남 집주인 어르신 그분이 맞나? 지금 내 앞에 앉아 둥굴레차를 홀짝이는 이분이 맞는 거야?

"원 계약에 동의하시면, 매수인 분은 잔금 입금해주세요."

대출 상담사와 통화하고 아무 말 없이 잔금을 보냈다. 계획대로 대출을 받고 계획대로 계약이 진행 중이었다. 그 과정이 이상하리만치 조용했다. 양도세 관련하여 우리의 기싸움이 있었던 것을 누구도 기억하지 못한다는 듯, 아무도 그 이야기를 꺼내지 않았다. 집주인은 담배를 피우지 않았다. 목소리를 높이지도 않았고, 탁자를 두드리며 언성을 높이지도 않았다. 당연하게도 계약서를 찢지도 않았다. 법무사와 이경규 사장님의 설명에 그저 차를 마시고, 고개를 끄덕였다. 펜을 쥐는 손마저 마치 오래된 연장이라도 다루듯 조심스러웠다. 그리고는 작은 헝겊에 싸인 나무 도장을 꺼냈다. 인감도장이라고 상상할 수도 없는 막도장이었다. 별다른 말 없이 서류 위 빈칸에 도장을 꾹 눌렀다.

그는 조용히 도장을 내려놓고, 다시 차를 마셨다. 자신의 역할을 다한 사람처럼. 계약금이 들어간 후부터 애초에 모든 것이 다 정해져 있었고, 오늘 그 예정된 움직임을 충실히 수행하는 것처럼 보였다. 그걸 보는 내내 이상한 기분이 들었다. 안도인지, 경외인지, 패배감인지 모를 감정이 가슴 밑바닥에 조용히 내려앉았다. 감정의 소모가 컸던 시간 속에서, 오늘의 계약 풍경 역시 서로의 감정을 할퀴고 상할 일만 있을 줄 알았다. 하지만 내 생각과는 전혀 다른 평온함이 이어졌다. 이미 정리가 끝난 감정들이 만들어낸 고요였다.

"매도인 서명 끝났고, 이제 매수인 분 서명해주시죠."

도장을 찍었다. 계약이 모두 마무리됐다. 후련했다. 경직되어 있던 표정이 그제야 펴졌다. 나뿐만 아니라 이경규 사장님과 홍진경 사장님의 표정이 모두 밝아졌다. 어르신은 천천히 자리에서 일어났다. 나도 자연스럽게 따라 일어났다. 그건 경외심이었다. 어쩌면 기쁨보다 먼저 든 감정이었다. 왜인지 모르게 숙연해졌다. 그런 나에게 집주인이 악수를 건넸다. 그분이 쌓아올린 세월이 주름진 손에 담겨 있었다. 고개를 숙이며 그 손을 양 손으로 붙들었다. 죄송했다. 내 마음을 다 안다는 듯이 어깨를 토닥이며 집주인이 말했다.

"부자 되세요."

고요하고 따뜻한 인계였다.

― 감사합니다.

인자하게 웃는 그분을 보며, 그 말밖에는 할 수 있는 게 없었다.

제53장

갈아타기
진짜 최종

**"우리 가족에게만큼은
최고의 집이었다."**

— 계약 끝나고 나면, 집 앞에서 가족사진 한 장만 남기자.

계약금을 넣은 날부터 잔금 날까지 긴장을 늦출 수 없던 날들. 우리 부부는 계약을 마무리하면 꼭 가족사진을 찍자고 몇 번을 말했다. 미리 찍을 수도 있었지만 그렇게 하지 않았던 건 우리가 계획적이지 않아서였을까, 아니면 후련한 마음으로 마무리 짓고 싶어서였을까. 우리 집 매수자들이 인테리어를 일주일 뒤에 한다는 말을 듣고 나는 안도했다.

사진 한 장이라도 남기고 싶었다. 우리가 함께한 시간을 가끔 사진으로 꺼내 보고 싶었다. 그건 기록이라기보단 인사였다. 우리 가족을 지켜봐 준 집에게, 이제는 떠난다는 조용한 인사.

아내는 머리를 말리고, 다람이는 새로 산 티니핑 원피스를 입었다. 나는 출근하지도 않는데 가장 좋은 셔츠를 꺼내 입었다. 카메라 배터리를 두 번 확인했다. 삼각대도 챙겼다. 우리의 추억이 있는 집 앞에서 가족사진을 찍을 예정이었다. 고덕 집으로 가는 길, 투둑. 툭. 비가 내리기 시작했다.

— 밖에서 사진 찍어야 하는데 어쩌지? 아직 집이 비어 있을 테니 가볼까.

익숙한 사거리를 돌아 익숙한 집들을 지나 익숙한 주차장 입구에 들어섰다. 가장 좋아하는 주차 자리에 차를 세웠다. 늘 입력하던 비밀번호를 누르고 지하 주차장 입구 문을 열었다. 택배 기사님이 들어서길래 문을 잡아드렸다. 이어서 냉장고 설치 기사님까지 들어오실 수 있게 기다렸다. 엘리베이터를 타고 우리 집의 층 버튼을 눌렀다. 택배 기사님이 내 뒤에 이어 몇 개의 버튼을 눌렀다. 냉장고 기사님은 아무 버튼도 누르지 않았다. 우리 집 앞에 엘리베이터가 멈췄다. 냉장고 설치 기사님이 내렸다.

현관문이 이미 열려 있었다. 안쪽에서 인기척이 느껴졌다. 안은 이미 공사 소리로 시끄러웠다. 열린 현관문 사이 거실에서 짐을 나르는 모습이 보였다. 문 앞에 잔뜩 쌓인 박스들이 눈에 들어왔다. 누군가 바닥에 무릎을 꿇고 타일을 닦고 있었고, 안쪽 방에선 말소리가 들렸다.

익숙하고 낯선 문 앞에서 잠시 멈췄다. 아내가 먼저 한 걸음 물러섰고, 나도 카메라 가방을 다시 어깨에 멨다. 다람이는 왜 들어가지 않냐고 묻지 않았다. 우리는 문 앞을 조용히 떠났다. 그 순간 우리가 할 말은 없었다. 그저 아, 이 집은 이제 정말 우리의 공간이 아니구나 하는 사실만 느껴졌다. 거기에 더할 말은 없었다.

비라도 그치면 아파트 여기저기에서 가족사진을 찍고 싶었건만, 비는 더 세차게 내리기 시작했다. 우리 가족은 어디로 갈지 정하지 못한 채로, 우리 동 출입구 앞에 멍하니 섰다. 몇 년 전, 다람이가 킥보드를 타다가 넘어져 한참을 울었던 곳이 눈에 들어왔다. 건너편에는 그네를 타던 놀이터가 있었다. 퇴근길이면 다람이가 마중 나와서 맞아줬던 현관은 이제는 다른 이름이 적힌 택배 상자가 쌓일 곳이었다. 익숙한 현관을 열면 작은방이 나온다. 고집이 세진 네 살 딸이 두 시간 동안 울었던 작은방, 큰 욕조가 있어서 한 시간 넘게 목욕을 했던 화장실, 다람이가 인디언 텐트를 치고 혼자서 자겠다고 꾸몄던 거실, 새벽에 일어나 사람들이 볼까 마음 졸이며 나무를 심었던 정원, 인덕션 사용법을 몰라서 냄비를 태워 먹었던 주방, TV와 책이 있어서 가장 좋아했던 내 방, 다람이가 아파서 밤새 울었던 안방, 아내와 장모님이 특히 좋아해서 커피를 마시며 감상했던 거실의 풍경. 온 가족이 함께 웃으며 행복했던 추억들이, 이제는 우리 집이라고 할 수 없는 곳들이, 눈에 어른거렸다.

우리 가족에게만큼은 최고의 집이었다. 그런 우리 집의 호가를 내리고 또 내려도 팔리지 않았다. 그래도 결국 팔게 된 건 결국 우리 집 정원이 예뻤던 덕분이었다. 나에게 과분한 곳이었다.

전세 신혼집에 살 때는 보일러가 고장 나고 수도가 터질 때마다 집주인에게 연락하며 긴장했다. 집주인은 단 한 번도 제대로 고쳐준 적이 없었다. 집주인의 눈치를 볼 때마다, 회사에서 힘들 때마다, 고덕 새 아파트에 입주할 날만을 손꼽아 기다렸다. 처음 이 집에 온 날 돌쟁이 다람이는 한참 동안을 깔깔거리며 돌아다니다가 숨바꼭질을 시작했다. 이 집에 들어온 날 그렇게 다 같이 웃었던 것처럼, 우리 가족은 항상 집에서 웃을 일이 많았다. 다람이가 자라는 모습을 함께 지켜봐 준 건 이 집이었다.

힘든 날도 있었다. 회식을 마치고 돌아오는 길은 늘 우울하고 외로웠다. 인사평가에 이를 악물고 허공에 대고 주먹을 휘두를수록, 결국 마주하는 건 공허한 나 자신이었다. 익숙한 조명과 냄새가 날 반겨주는 우리 집이 있다는 사실 하나로 견딜 수 있었다. 그런 날에는 얼른 집에 가서 쉬고 싶었다. 여기선 아무 걱정 없이 편히 잠들 수 있었다.

― 사진 어떡하지. 비가 금방 그칠 것 같지도 않네.

야속하게 내리는 비는 멈출 기미가 보이지 않았다. 현실은 언제나 내 희망과는 다르게 흘러갔다. 고덕도 갖고 강남도 가질 수 있다면 좋겠지만 그럴 수 없다는 걸 알고 있다. 원하는 걸 가지려면 내가 아끼는 것을 내주어야 하는 게 세상 이치다. 강남을 갖고 싶으면 고덕을 넘겨야만 한다. 고덕을 팔지 않으면 강남 입성은 포기해야 한다.

집안 여기저기를 뒤뚱거리며 걷던 돌쟁이 딸이 어느덧 쑥쑥 자라 밤양갱 노래를 부르는 6살이 된 것처럼, 시스템과 환경을 욕하던 내가 스스로 움직이기로 마음먹게 된 것처럼, 그냥 자연스럽게 이곳을 떠날 때가 된 것이다. 시간이 흘러 우리가 헤어져야 하는 그때가 온 거다.

싸게 넘기고 떠나는 사람들을 원망하고 욕했다. 그러다가 서울의 신축에 사는 것이 얼마나 감사한 일인지도 다 잊어버린 채, 어느새 집을 원망하게 됐다. 다른 지역보다 집값이 많이 떨어지는 고덕을 보며 우리 동네만 저평가라고 현실을 부정했다. 고덕이 아닌 다른 지역이었다면, 고층이었다면, 로얄동이었다면, 그런 말들로 집을 탓했다. 냉정한 평가가 이어지던 어느 날, 결국 참지 못하고 입 밖으로 말이 튀어나왔다.

— 아오, 진짜 이 집 빨리 팔아버려야지.

사람은 이미 갖고 있어서 익숙한 것에는 감사할 줄을 모른다. 나 또한 그저 빨리 팔고 싶을 뿐이었다. 잔금 빠르게 주는 매수인을 찾았다. 잔금일이 빨라질수록 우리 집과의 이별이 빨라진다는 건 생각하지 못했다. 강남에 그토록 가고 싶었으면서, 익숙한 집과 이별한다는 건 생각하지 못했다. 사는 동안 정말 행복했던 집, 받은 것만 많았던 집. 저층이라고 무시받던 집, 몇 천씩이나 네고해서 파느니 그냥 여기서 평생 살련다 말했던 집, 우리 가족이 몇 년 동안 행복하기만 했던 집.

어깨에 멘 카메라와 손에 들고 있는 삼각대가 평소보다 무겁게 느껴졌다. 멋들어진 작별 인사를 하고 싶었는데 핸드폰으로 어두운 셀카만 몇 장 찍고 주차장으로 돌아갔다. 차에

시동을 걸고, 내비게이션에 등록된 우리 집 주소를 바꿨다. 익숙한 길을 천천히 빠져나왔다. 비 오는 날이라 어두워서였는지, 새벽부터 깨워서였는지, 뒷좌석의 다람이는 금세 잠들었다.

그 집에서 노는 꿈을 꾸는 걸까. 내 딸의 가장 친한 친구가 되어줬던 집, 마치 내 자식같이 느껴졌던 집, 그 집은 우리 가족을 어떻게 기억하고 있을까.

제54장

다람이의
꿈속 이야기

"고맙다, 고마워, 고마웠어."

어? 아빠가 이사 간다고 했는데 아니었나 봐.

정원 뷰가 예쁜 우리 집~ 고덕 고덕~

새가 놀러 오는 우리 집~ 고덕 고덕~

햇빛이 쨍쨍했어. 나무도 잘 있고, 베란다에 걸어둔 새집에도 새가 놀러 왔어.

그때 내가 발견하고 소리쳤던, 그 작고 귀여운 새다!

아기 새야! 밥 줄게!

나는 두 팔을 흔들며 뛰어가 새한테 먹이를 줬어. 그때 누가 내 이름을 불렀어.

"디람이."

나는 돌아봤어. 아무도 없었어. 근데 또 들렸어.
"다람아, 나야. 네가 살던 집."
"응? 집이 어떻게 말을 해?"
"꿈이잖아. 꿈에선 다 되지."

나는 달려갔어!
"고덕아! 너 다시 만나서 너무 좋아!"
새집 앞에 쪼그려 앉아서 말했어.
"근데 미안해…. 우리 이사 간대."

고덕이가 말했어.
"왜 미안해? 나는 네가 있어서 행복했어. 너랑 엄마 아빠가 웃는 소리 듣는 게, 매일 선물이었어."
나는 손을 꼭 쥐고 말했어.
"나는 너 엄청 좋아해! 처음 왔을 때 나 잘 걷지도 못하면서 막 뛰어다녔던 거 기억나? 앞에 나무도 많아서 진짜 좋았어! 우리 아빠가 더 심어준대! 새집도 더 달아준다고 했어!"

고덕이가 웃었어.
"네가 처음 걸은 날, 내가 얼마나 놀랐는지 알아? 방방 뛰고 넘어지고 웃고. 그날 하루 종일 뿌듯했어. 새집은 이 동네에서 나밖에 없을걸? 다들 부러워 한다구, 엣헴."

나도 웃었어. 새집만 생각하면 웃음이 나. 히히히.

"근데 사람들이 너보고 저층이라서 못났대. 햇빛 안 들어오고 벌레 많다고 막 안 산다고 했어. 화 났어!"

나는 주먹을 쥐고 휘둘렀어.

"난 괜찮아. 못난이어서 미안했다고 아빠한테 꼭 전해줘. 얼마나 애썼는지 안다고."

"알겠어! 그치만 우리 가족이 너를 얼마나 좋아했는데…."

"알아. 너희 아빠가 이 집이 얼마나 좋은 집인지 당신들이 아냐고 대신 화내줘서 괜찮았어."

고덕이는 잠깐 말이 없더니, 조용히 말했어.

"너 아플 때, 사실 나도 몰래 울었어. 아무것도 해줄 수 없어서… 미안했어."

나는 고개를 푹 숙였어. 눈물이 뚝 떨어졌어.

"다 내가 예쁜 집이 아니어서 그랬던 것만 같았어. 그래도 결국 이사 가니까 다행이야. 그렇게 가고 싶어 하던 강남으로 가는 거지? 다람이 이사 가면 다른 친구가 올 거야…. 그 아이도 나랑 친구해 줄까?"

눈물을 뚝 그치고 코를 닦았어. 목이 아파서 말이 잘 안 나왔어. 그래서 고개만 계속 끄덕였어.

"응. 그 친구도 너 좋아할 거야. 왜냐면… 나는 너 진짜 진짜 좋아했거든. 근데 우리 이제 다시는 못 보는 거야?"

고덕이가 말했어.

"아니야. 언제든지 꿈에서 놀러와. 그리고 앞으로 살게 될 그 집도, 다람이 너랑 가족이 되면 행복해질 거야. 내가 그랬던 것처럼 말야. 걱정하지 마."

"나 이사 가기 싫어! 그 집은 더 좁고 새도 안 놀러올 거 같아! 으아앙. 학원 가야 된대. 히잉."

"너희 아빠가 혹시 숙제 많이 시키면 꼭 말해! 내가 혼내줄 테니까. 아무리 아빠라도 다람이 괴롭히면 용서 못해."

"정말 그럴 거지?"

"당연하지! 너는 내 가장 친한 친구인걸."

"훌쩍…. 알겠어. 자, 이건 선물이야…."

나는 제일 좋아하는 티니핑 스티커를 붙여줬어. 고덕이가 웃으면서 손을 흔들었어.

"잘 가, 다람아."

나도 손을 힘껏 흔들었어. 고덕 집에 내가 좋아하는 무지개 조명이 켜졌어. 마음이 말랑말랑해졌어. 엄마랑 아빠가 한꺼번에 꽉 안아주는 것 같았어.

|＊|＊|＊|＊|＊|

웬만하면 차에서 잠들지 않는 다람이가 새근새근 자고 있었다.

— 내비 주소를 바꾸니까 이상하다. 이제 우리 집 주소가 강남구네.

운전을 하며 애써 밝은 목소리를 말을 꺼냈다. 아내는 창밖만 바라볼 뿐이었다. 신혼집을 떠날 때는 남의 집에서 내 집으로 간다는 생각에 마냥 들뜨기만 했던 것 같은데 이번엔 그러지 못했다. 평수와 연식을 모두 낮춰서 가니 착잡한 마음도 없는 건 아니었다.

— 사진을 못 찍어서 아쉽다. 날씨 좋은 날에 다시 올까?

집 앞에서 가족 셋이 웃으며 마지막 사진을 남기고 싶었다. 햇살 좋은 날, 나무와 새집과 정원 앞에서 다람이를 가운데 세우고 웃는 장면을 상상했다. 하지만 그런 이별은 오지 않았다. 이렇게 비 오는 날에 갑자기 마무리될 줄은 몰랐다.

— 인테리어 공사도 내일부터 바로 들어가는데… 언제 또 오지? 오늘 사진 한 장도 못 찍을 줄은 몰랐네. 미리 좀 찍을걸.

아쉬운 마음을 감추고, 길게 늘어진 정적을 깨보려 쏟아내는 질문에 아내는 답이 없었다. 창밖을 보며 말없이 훌쩍일 뿐이었다. 들썩이는 어깨를 바라보다가 나도 모르게 중얼거렸다. 다짐이었는지, 위안이었는지는 모르겠다.

― 모르겠다. 한 살이라도 젊을 때 이사 가고, 다람이 잘 키우고 능력 키우다 보면 또 좋은 일이 생기겠지.

후회하지 않기로 했다. 잃은 것을 아까워하기보다, 새롭게 손에 쥔 것을 소중히 여기자고 마음을 다잡았다. 아쉬움에 자꾸 뒤돌아보고 싶은 마음이 들었지만, 시선을 앞으로 멀리 던졌다. 마지막 인사를 마음속으로 되뇌었다.

고맙다,

고마워,

고마웠어.

에필로그

고백하건대, 이사한 후에도 종종 불안한 마음에 어쩔 줄을 몰랐다.

사실 고덕이 그리울 때가 있다. 가끔 뒤를 돌아보게 된다. 고덕에서 행복했던 나와 우리 가족을.

이사 오고 얼마 지나지 않았을 때의 일이다.

다람이가 하얀 칠판에 친구들의 이름을 빼곡히 써놨다.

그 이름들은, 전에 다니던 유치원 친구들의 이름이었다. 새로 만난 친구들의 이름은 칠판 어디에도 없었다.

나는 다람이에게 물었다.

"새로운 반 친구들도 적어볼까? 아빠 궁금하네~"

하지만 다람이는 끝까지 그 이름들을 적지 않았다. 친구들 이름을 모른다고 했다. 나와 아내는 마음이 아팠다.

부모님은 고덕 우리 집을 정말 사랑하셨다. 나보다도 그 집을 좋아한 분을 꼽으라면 아버지일 거다. 집을 팔고 기어이 강남으로 가는 나를 보며 무슨 생각을 하셨을까. 나는 부모님에게, 내 선택을 증명하고 인정받고 싶었다. 지금도 그렇다.

우리 집 인테리어에 돈을 아끼지 않았던 이유는 가족이 힘들지 않게 하려고, 매도할 때 더 쉽게 하려고였다. 그리고 사실 숨겨진 이유 하나는, 부모님에게 보여 드리고 싶어서였다. 그게 전부는 아니었지만, 어른들에게 인정받고 싶은 마음이 없었다고는 말하지 못하겠다.

인테리어를 끝내고 부모님이 우리 집을 보러 오시는 날, 나는 기대했다. 태어나 처음 받아쓰기 시험을 보고 80점을 맞은 시험지를 엄마 아빠에게 꺼내 보이는 그런 심정.

마흔의 나이에도 나는 칭찬에 목말랐다. 80점은 내가 받을 수 있는 최선의 점수였으니까. 하지만 부모님이 현관문을 열고 들어오시며 꺼낸 말은 칭찬이 아니었다. 신경 쓰지 않는 척했지만, 나의 온 신경은 부모님의 반응과 기분을 살피는 중이었다. 아무래도 80점은 그 기준에 미치지 못했던 것 같다.

난 그날 감정을 감추려고 많이 애썼다.
하지만 아내와 둘만 남은 방에서는 결국 실망감을 감추지 못했다. 우리 부부는 속상했다.

퇴근길에 집까지 걸어가며 늘 생각했다. 매수가를 좀 더 깎아볼 걸, 매도가를 좀 더 올려볼 걸. 이렇게 해볼 걸 그랬나, 바보같이 그때 왜 그렇게 했지. 싸게 산 줄 알았는데, 그것도 아니네.

한강변으로 갔어야 했나, 소단지라도 반포에 갔어야 했나, 인기 많은 잠실에 갔어야 했나, 학군지라서 괜히 딸만 힘들게 하는거 아닌가, 조금 더 기다렸다가 팔았어야 했나.

강동구와 내가 살던 아파트의 거래 소식을 들으며, 이사 온 집의 거래를 확인했다. 사려고 후보에 뒀던 아파트들의 거래도 확인했다. 솔직하게 말하면, 지금 집이 더 화끈하게 오른 소식이 듣고 싶었다. 그래서 부동산에 갔다. 그런 내 모습이 우스웠다.

그렇다고 "행복은 마음 속에 있다"는 교과서 문장으로 이 긴 이야기를 마무리하고 싶진 않다. 분명 이 과정에서 얻은 지식과 경험, 그리고 자신감은 돈으로 환산하기 힘든 자산이다. 끝까지 해냈다는 뿌듯함과 가족이 느끼는 안정감 같은 것들은 부동산 시세 뒤편에 있다.

하지만 동시에 깨달았다. 세상에는 항상 위가 존재한다는 걸. 이사를 와도 더 비싼 아파트, 더 넓은 평수, 더 화려한 신축이 있다. 새로운 욕심이 고개를 든다. 그 욕심만 쫓을수록 지금 발 딛고 있는 자리의 가치를 잊게 된다.

여전히 다음 계획을 세우지만, 동시에 지금을 마음껏 누리고 싶다. 그래서 매일 감사하고 행복하려고 노력 중이다. 노력을 해서 그런 건지, 진짜 행복해진 건지 모르겠지만 요즘이 감사하고 행복하다. 행복은 남의 인정에서 오는 것이 아니다.

난 나를 인정했다. 나의 노력들을.

몇 주 전, 부모님이 교육 예능 프로그램을 본 얘기를 하시며 다들 학군지에 가는 이유가 있는 것 같다고 말씀하셨다. 내심 기분이 좋았다.

다람이는 이제 더 이상 예전 친구들의 이름을 쓰지 않는다. 하얀 칠판에는 새로 사귄 친구들 이름이 빼곡하다.

초등학교 정문을 들어서며 새로운 친구들의 손을 양손에 붙들고 교실로 들어가는 모습을 봤다. 새어나오는 웃음을 참을 수 없던 딸의 얼굴.

사실 그 이후부터다.
내 마음이 편해진 건.

저자의 말

저는 언제나 남들을 부러워만 했던 사람입니다.

이사를 마친 후에도 갈아타기 후기 글을 찾아 읽을 정도였습니다. 어떤 사람은 저보다 집을 훨씬 비싸게 팔았고, 더 크고, 더 넓고, 더 비싼 집으로 이사했더군요. 쳇.

그런 글을 읽을 때마다 부러웠습니다.
너무 부러워한 나머지, 대단한 성취를 이뤘다고 자랑하는 그들을 깎아내리고 시기하기도 했습니다. 엇, 지금도 살짝 무시했네요.

이 책을 쓰면서 가끔 그런 생각이 들었습니다. 혹시 나도 그들처럼 보이는 건 아닐까. 대단한 성공을 이룬 척하며 누군가를 자극하고 있는 건 아닐까. 정말 꼴 보기 싫었던 그 사람의 태도를, 똑같이 답습하고 있는 건 아닐까. 그런 걱정이 들었습니다.

여러분.
저를 얼마든지 무시하셔도 좋습니다. 강남 20평대에 겨우 들어갔다고, 대단한 투자 실력이 있는 건 아니라고, 단지 운이 좋았을 뿐이라고 해도 괜찮습니다. 사실이니까요.

저를 마음껏 시기하셔도 좋습니다. 그것이 당신이 나아갈 수 있는 원동력이 될 수 있다면요. 그것이 당신을 움직이게 만드는 계기가 될 수 있다면요. 남과 비교하며 쿡쿡 쑤시던 그 감정이, '나도 한번 해보자'라는 결심으로 이어진다면요. 저는 무척 기쁠 것 같습니다.

사람들은 어떤 선택을 하기 전에 많은 공부를 합니다. 어떻게든 '최선의 선택'을 하고 싶으니까요. 그리고 결정을 내린 후에는 불안합니다. 그 결정이 정답이었는지, 지금 이 방향이 맞는 건지 끊임없이 흔들리게 되죠.

그럴 때 타인의 성과는 아주 쉽게 우리를 불안하게 만듭니다. 무언가 이뤄낸 사람들은 이렇게 외칩니다. "봐, 이게 맞는 길이야." "나만 따라와." 자신 있고, 단호하고, 빠르게 결론을 말하는 사람들. 저 또한, 은연중에 그런 말을 하고 있었을지 모릅니다.

그들 앞에서 우리는 점점 작아지고, 스스로의 선택을 의심하게 됩니다. 하지만 실패하지 않고 성공만 하는 사람이 있을까요?

누구의 투자도 완벽하진 않습니다. 누구의 길도 정답이 아닙니다. 남들에게 휘둘리기보다는 자신에게 집중했으면 좋겠습니다. 완벽한 선택과 타이밍은 없어요. 공부도 충분히 했고 준비도 됐다면, 어느 순간엔 결단을 내려야 해요. 자신을 믿고 내딛으세요.

그러면 결국 잘 될 거라는 뻔한 말을 건네진 않겠습니다. 인생이 어디 마음대로 되던가요. 제 책이 많이 팔리면 좋겠지만, 그렇게 되겠습니까? 제목을 고심해서 지었는데, 악플이 달리면 어떡하죠?

불안합니다. 하지만 불안을 애써 지우러 들지 않습니다.

그 감정을 피하지 않고, 있는 그대로 인정하고 직면하기로 했습니다. 어차피 불안은 없앨 수 없으니까요.

다 괜찮아, 잘될 거야, 그런 위로는 넘치도록 많아요.
대신 이 말만큼은 꼭 전하고 싶습니다.

"야, 나두 부동산 때문에 스트레스 장난 아니었어.
근데 고민만 하고 있으면 오히려 더 불안했어. 생각할 시간에 움직이니까 좀 나아지더라. 그냥 그렇다구."

내일은 집 앞 부동산에 한번 들러보세요.

아직 6시를 넘지 않았다면—

지금이요.

| * | * | * | * | * | * |

늘 곁에서 믿어준 아내와,
제 삶의 원동력인 다람이,
든든한 가족들에게 고마움과 사랑을 전합니다.
책의 방향을 함께 고민해 주신 출판사 분들,
따뜻한 격려와 유쾌한 기운으로 힘이 되어주신
대대방 사람들에게도 특별한 감사를 드립니다.

**직장인입니다
강남으로 이사 갔고요
질문 받습니다**

초판 1쇄 발행 2025년 9월 10일
초판 2쇄 발행 2025년 10월 30일

지은이 대치대디
펴낸이 김선준, 김동환

편집이사 서선행
책임편집 오시정 **편집2팀** 최한솔, 최구영
디자인 정란 **일러스트** 최광렬
마케팅팀 권두리, 이진규, 신동빈
홍보팀 조아란, 장태수, 이은정, 권희, 박미정, 조문정, 이건희, 박지훈, 송수연, 김수빈
경영관리 송현주, 윤이경, 임해랑, 정수연

펴낸곳 페이지2북스
출판등록 2019년 4월 25일 제 2019-000129호
주소 서울시 영등포구 여의대로 108 파크원타워1, 28층
전화 070)4203-7755 **팩스** 070)4170-4865
이메일 page2books@naver.com
종이 월드페이퍼 **인쇄·제본** 한영문화사

ISBN 979-11-6985-154-1 (03320)

- 책값은 뒤표지에 있습니다.
- 파본은 구입하신 서점에서 교환해 드립니다.
- 이 책은 저작권법에 의하여 보호를 받는 저작물이므로 무단 전재와 복제를 금합니다.